남자는 고쳐 쓰는 거 아니다

버릴 남자를 판단하는 통찰력을 가져라!
남자는 고쳐 쓰는 거 아니다

초판 1쇄 | 인쇄 2020년 12월 21일
초판 1쇄 | 발행 2021년 1월 4일

지은이 | 이명길
펴낸이 | 한상형
편 집 | 정헌희
디자인 | 최선호
펴낸곳 | 한국강사신문
출판등록 | 제 2019-000092호
주 소 | 서울 용산구 청파로 269, 4층 한국강사신문
전 화 | 02-707-2210
팩 스 | 02-707-2214
홈페이지 | www.lecturernews.com
이메일 | gaeahh17@gmail.com

• 책값은 표지 뒷면에 표기되어 있습니다.
  ISBN 979-11-970348-5-5(13190)

• 이 도서의 국립중앙도서관 출판 시 도서목록(CIP)은 서지정보유통지원시스템 홈페이지
  (http://seoji.nl.go.kr)와 국가자료공동목록시스템(http://www.nl.go.kr/kolisnet)에서
  이용하실 수 있습니다.(CIP제어번호: CIP2020051912)

Copyright ⓒ 2021 by 한국강사신문, All rights reserved.
· 이 책의 내용을 이용하려면 반드시 한국강사신문 출판사의 동의를 받아야합니다.

남자는

고쳐 쓰는 거 아니다

"
이 책에 나오는 사연들은
모두 실제 상담했던 내용이다.
순서대로 읽어도 좋지만,
목차를 보고 눈에 띄는 부분을
먼저 읽어도 무리는 없다.
또한 남자의 심리와 행복한 연애를
위한 '연애 TIP'을 담았으니,
참고하길 바란다.

프롤로그
버릴 남자를 판단하는 통찰력을 가져라!

·

단언컨대 못난 남자 만나 인생 피곤하게 사느니 차라리 혼자가 낫다.

남자를 바꿔보겠다며 인생을 고달프게 만드는 여자들이 참 많다. 사랑이라는 이름으로 어떻게든 상대를 고쳐 써 보겠다는 그 마음을 이해하지만, "그래도 지구는 돈다."라고 말했던 갈릴레이의 마음으로 말한다.

"남자는 고쳐 쓰는 거 아니다."

연애에도 매몰비용의 오류(Sunk Cost Fallacy)가 적용된다. 미래에 발생할 효용이 크지 않음에도 과거에 투자한 비용이 아까워서 지속적으로 하게 되는 어리석은 행동 말이다. 어떤 여자는 "남자는 다 똑같다."라는 자기합리화를 하며 버티는 연애를 지속하고, 또 누군가는 지금까지 만난 시간과 투자한 노력이 아까워 헤어지질 못한다. 나이가 많아서 더 이상 남자 만나기가 어려울까봐 헤어지지 못하는 여자도 있다.

영화는 1편보다 재미있는 2편을 찾는 것이 어렵지만, 연애는 1편보다 2편이 재밌다. 만나는 남자에게 문제가 발생했고, 그것을 평생 버티며 살아갈 자신이 없다면 과감하게 손절하는 것이 당신의 인생을 위한 것이다.

이 책에 나오는 사연들은 모두 실제 상담했던 내용이다. 순서대로 읽어도 좋지만, 목차를 보고 눈에 띄는 부분을 먼저 읽어도 무리는 없다.

썸 탈 때는 세상 매너 좋고 멋진 남자였다. 사귀고 2개월쯤 지났을 무렵 남자친구와 사소한 다툼이 생겼는데, 혼잣말로 욕을 했다. 나한테 한 것도 아니었고, 남자친구도 자기가 욱하는 성격이 좀 있다며 사과를 했다. 무엇보다 진심으로 반성하는 모습을 보여 넘어갔는데 며칠 뒤 다툼에서는 혼잣말이 아닌 진짜 욕을 나에게 했다. 남자친구의 이런 욕하는 버릇을 과연 고칠 수 있을까?

서른둘에 만난 남자다. 나이가 나이인지라 까다롭게 시작했고, 결혼까지도 생각했다. 그도 지금까지 나 같은 여자는 못 만나봤다며 적극적으로 다가왔다. 사귄지 한 달 만에 함께 여행을 다녀왔고, 3개월이 지날 무렵부터 결혼이야기를 했다. 그렇게 서로 좋아서 죽고 못 살던 그때 남자친구에게 작은 문제가 생기며 급하게 돈이 필요한 상황이 발생했다. 처음에는 내가 빌려준다고 해도 싫다고 했다. 나한테 부담주기 싫다고 하길래 이자까지 꼭 갚으라고 하며 돈을 빌려줬다. 그렇게 한 번 두 번 빌려준 것이 어느덧 세 번째, 금액은 7천 만 원이 됐다. 미안하다며 꼭 갚겠다며 돈을 더 빌려달라는 남자친구. 이 남자와 결혼을 해도 괜찮은 걸까?

예능프로그램 '연애의 참견'이나 드라마 '사랑과 전쟁'보다 더 한 일들이 현실 연애에서도 생긴다. 만약 연애 중에 남자친구에게 이런 문제들이 발생하면 그것을 고치는 데 시간을 낭비하지 말고, 그 시간을 더 괜찮은 남자를 찾는데 쓰길 바란다.

이 책을 통해 어디까지가 남자들의 보편적 행동인지, 어디부터는 고쳐 쓸 수 없는 부분인지를 판단하는 통찰력을 갖길 바란다. 지금 이 순간에도 사랑으로 남자를 고쳐 써 보겠다며 헛된 노력을 하는 착한 바보들을 위해 딸 있는 아빠의 마음을 담아 이 책을 쓴다.

썸을 타든, 연애를 하든
만나는 상대의 문제점을 발견했을 때
생각해야 하는 건 한 가지 뿐 이다.

"내가 이 문제를 평생 감당할 수 있을까?"

차례

프롤로그 | 버릴 남자를 판단하는 통찰력을 가져라!

PART 1.

1. 성욕_남자친구가 성욕이 너무 과해요 _015
   연애 TIP : 성관계에 관한 과학적인 상식

2. 원나잇_그 날 이후 주도권을 잡는 법 _020
   연애 TIP : 남자들이 관계 후 변하는 이유는?

3. 욱하는 남자친구_분노조절장애 _028

4. 인스타그램_비대면 연애 _032
   연애 TIP : 남자의 연애 메커니즘

5. 썸 판정(1)_썸인지 아닌지 구별하는 법 _038
   연애 TIP : 남자에게 접근하는 방법 '도와주세요! 전략'

6. 썸 판정(2)_주말에는 못 만나는 남자 _044

7. 스킨십_남자친구가 스킨십 장면을 영상으로 찍자고 해요 _048
   연애 TIP : 안전 이별 하는 법

8. 이별 후 연락 오는 구 남자친구_연애 스포일러 _054
   연애 TIP : 남자친구를 바꿀 수 있는 골든타임은 언제일까?

9. 게임중독_남자친구의 게임, 하루 몇 시간까지 이해할 수 있을까? _060
   연애 TIP : 게임에 관한 재미있는 상식 5가지

10. 동거_사랑은 충전하지 못하는 배터리 _066
   연애 TIP : 사랑이 식은 남자들이 하는 말

PART 2.

11. 술_바람둥이 구별 법 _075

12. 구 남자친구_결혼 준비 중인데 연락 온 구 남자친구 _079

13. 유흥업소_바람일까? 아닐까? _082

14. 돈_돈 빌려달라는 남자친구 _086

15. 스킨십_속궁합이 안 맞아요 _090
   연애 TIP : 연애계 먹이피라미드

16. 가짜 오르가즘_지나친 배려 _096
   연애 TIP : 질리지 않는 여자가 되는 법

17. 성병_남자친구에게 옮은 클라미디아 _102

18. 질투_집착과 질투의 차이 _106

19. 생활습관_쓰레기 분리수거를 안 하는 남자친구 _110
   연애 TIP : 한 번에 끝나는 싸움 vs 반복되는 싸움 구별하기

20. 가부장적 남자친구_'여자는' 이란 말을 해요 _118
   연애 TIP : 당신을 매력적인 여자로 만드는 5가지 마법의 법칙

PART 3.

21. 여혐_남자친구가 여성혐오 사이트 회원이에요 _129

22. 빚_허용 가능한 남자친구의 빚의 종류는? _134

23. 피임_피임을 거부하는 남자친구 _137

24. 속도위반_남자친구가 아이를 갖자고 해요 _142

25. 수다쟁이_말 많은 남자 _146

26. 짠돌이 남자친구_탕수육이 먹고 싶은 여자친구 _150

27. 생활습관_남자친구가 밥을 쩝쩝 거리고 먹어요 _154

28. 정치성향_남자친구와 정치성향이 너무 달라요 _158

29. 개룡남_자수성가한 남자친구에게 온 가족이 의지해서 부담스러워요 _162
    연애 TIP : 결혼 전 서로에게 물어봐야 할 질문 3가지

30. 군대_고무신 거꾸로 신으면 나쁜 건가요? _168

PART 4.

31. 나이차이_25살 많은 남자친구 _175
    연애 TIP : 연애코치가 알려주는 권태기 예방 데이트 방법

32. 연상연하_연하의 남자를 만날 때 봐야 할 2가지 _182
    연애 TIP : 여성 연상 커플의 장점과 진화론의 진화

33. 술_남자친구의 음주습관, 어디까지 이해해도 괜찮을까? _189
    연애 TIP : 여자가 술 마실 때 꼭 알아야 할 음주상식 5가지

34. 친절한 예비 시어머니_와이셔츠 빨래 과외 _194

35. 거짓말(1)_절대 용납해선 안 되는 거짓말의 종류는? _198

36. 거짓말(2)_봐줘도 되는 거짓말의 종류는? _202
    연애 TIP : '조만간 술 한 잔 해요'라는 남자. 과연 진심일까?

37. 낮은 자존감_명품만 좋아하는 남자친구 _208
    연애 TIP : 남자들이 스스로 잘 생긴 줄 아는 이유 3가지

38. 남녀의 친구사이_여사친과 해외여행 다녀온 남자친구 _212

39. 썸_유부남과의 썸 _218
    연애 TIP : 파트너의 바람을 확인할 수 있는 질문

40. 롱디_일 년에 두 번 만나는 커플 _224

41. 바람_남자친구 꼬신 여자에게 복수하고 싶어요 _228
    연애 TIP : 구 남자친구에게 할 수 있는 최고의 복수는?

42. 폴리아모리_남자친구가 두 사람을 동시에 사랑해요 _232

부록

대시보다 더 적극적인 '접근' 전략 _238
남자들이 대시하게 만드는 은근한 스킨십 방법 _242
이 여자는 다르다고 느끼게 만드는 법 _249
짝사랑 성공을 위해 기억해야 하는 것 _251
재회 성공 가능성을 높여주는 3단계 전략 _253
남자를 유혹하는 최고의 전략은 '어둠' _258

에필로그_존중받는 연애를 해야 한다 _260

Part 1

성욕이 과한 것과
변태성욕은 구분이
필요하다

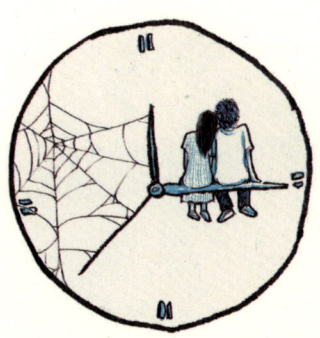

/ 성욕
남자친구가 성욕이 너무 과해요

남자의 성욕 : 미국 역사상 가장 윤리적이었다고 평가받는 대통령 '지미카터', 그는 플레이보이지와의 인터뷰에서 이런 고백을 했다. "나는 욕정을 품은 시선으로 여자들을 지켜봤다. 마음속으로는 여러 번 간음했다."

Q. 직장인 커플이고 사귄지는 1년 됐어요. 남자친구와 사이는 좋고 결혼까지도 생각해요. 남자친구와 다른 건 다 좋고 잘 맞는데, 남자친구가 성욕이 너무 왕성해요. 저도 스킨십에 대한 욕구가 없는 건 아니지만, 남자친구는 좀 심한 편이에요. 횟수가 많은 것도 부담스럽지만 때와 장소를 안 가리고 달려들어요. 공용 화장실이나 회사 사무실은 물론 아파트 계단에서도 스킨십을 하려고 해요. 심지어 자기 운전할 때 스킨십을 해달라고 조르기도 해요. 전 솔직히 스킨십은 둘 만의 것이라 생

각해서 둘이 집에 있을 때는 맞춰주려고 하는데, 밖에서는 진짜 받아줄 수가 없어요. 제가 이상한 여자가 되는 느낌을 받아요. 그렇다고 거절하면 예민하게 받아들이거나 화를 내서 고민이에요. 과한 성욕만 빼면 괜찮은 사람인데 좋은 방법 좀 알려주세요.

A. 성욕이 과한 것과 변태성욕은 구분이 필요하다

킨제이 보고서(Kinsey Reports)에 따르면 남자의 40%는 30분에 한 번씩 '성관계'에 대한 상상을 한다고 한다. 나를 포함한 대부분의 남자들은 자신이 성욕이 높다고 생각한다. 성욕이 과한 건 당신 남자친구만의 이야기가 아니란 말이다. 지금 상황을 단순히 남자친구의 '과한 성욕 탓'으로 돌리는 건 위험하다. 왜냐하면 문제의 본질은 시도 때도 없이 당신에게 달려들어서가 아니라, 성욕을 해소하는 방법과 장소 선정 등에 있어서 당신을 전혀 존중하지 않고 이기적으로 행동하기 때문이다.

성인 커플끼리 동의하에 하는 것이라면 어디서든 스킨십은 할 수 있다. 다만, 요즘처럼 CCTV가 사방에 설치돼 있고, 누구나 휴대전화로 유튜브 생방송을 하며 돌아다니는 시대에 아파트 계단이나 공용 화장실이라니 남자친구가 에로영화 감독 봉만대도 아닐 테고 너무 위험한 일이다. 가장 큰 문제는 여자친구가 받아들이기 어려워하는 장소에서의 스킨십을 강요하고 그것이 받아들여지지 않는다고 해서 화를 내고 폭력성을 보이는 것이다. 이 행동을 '남자친구가 성욕이 높아서'라고 착각한다면 인생이 불행해진다. 솔직히 말하면 이건 성욕이 높은 것을 넘

어 인성과 기질이 나쁜 것이다. 과한 성욕이 남자친구를 나쁘게 만드는 것이 아니라, 나쁜 당신 남자친구가 성욕까지 과하다고 할 수 있다. 이제 1년 만난 커플이 공용 화장실, 사무실 같은 밀폐된 공간을 벗어나 아파트 계단까지 강제로 갔다면 그 다음에는 어디로 갈까? 단언컨대 점점 더 심해질 것이고, 숨겨왔던 폭력성도 드러날 것이다.

솔직히 당장 헤어지고 상대를 존중할 줄 아는 정상적인 남자를 만나라고 하고 싶다. 만약 헤어지기 어렵고 남자친구와 어떻게든 잘 해보고 싶다면, 늦었지만 지금이라도 스킨십은 단 둘만의 공간에서만 해야 한다고 단호하게 이야기를 해야 한다. 이별까지 각오해야 하며, 만약 이 제안을 받아들이지 못하고 폭력성을 보인다면 그때는 '남자친구를 어떻게 바꿔볼까?'를 고민할 때가 아니라 '어떻게 그 남자와 안전 이별을 할까?' 이것을 고민할 때다.

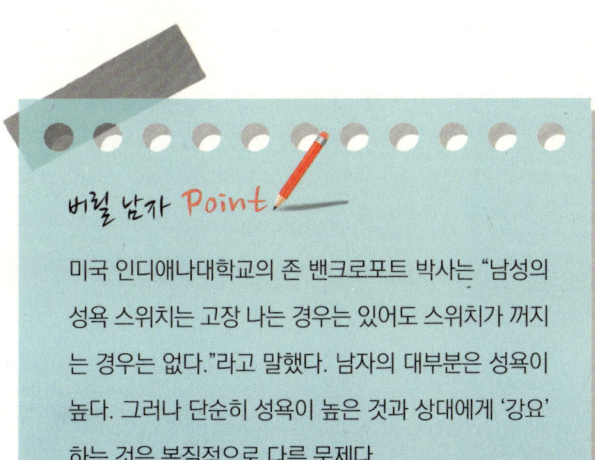

버릴 남자 Point!

미국 인디애나대학교의 존 밴크로포트 박사는 "남성의 성욕 스위치는 고장 나는 경우는 있어도 스위치가 꺼지는 경우는 없다."라고 말했다. 남자의 대부분은 성욕이 높다. 그러나 단순히 성욕이 높은 것과 상대에게 '강요'하는 것은 본질적으로 다른 문제다.

연애 TIP_ 성관계에 관한 과학적인 상식

첫째_ 사람은 평생 몇 번이나 성관계를 할까?
정재승 카이스트 교수의 글에 따르면 '성관계'는 각 나라와 민족, 문화마다 차이가 존재하지만, 통계에 따르면 한 사람은 일생 동안 평균 5명의 파트너와 2,580번의 성관계를 한다고 한다. 한 번의 성관계를 키스와 전희를 포함 대략 1시간 정도라고 가정했을 때, 사람은 평생 154,800분 동안 파트너와 육체적인 사랑을 나누는 셈이다.

둘째_ 성관계에도 정년이 있을까?
하루 1번 씩 한다고 가정하면 7년 하고도 25일이다. 과연 이렇게 하는 성관계에도 정년이란 것이 있을까? 일반적으로 성관계를 임신과 관계없는 육체적인 관계로만 보자면 여성의 성관계 수명이 남성의 성관계 수명보다 더 길다. 남성은 몸 컨디션과 상황에 따라 성관계에도 '유효기간'이 존재하기도 한다.

셋째_ 성관계 시 남자가 더 힘들까? 여자가 더 힘들까?
어떤 체위를 선택하느냐에 따라 차이가 나지만, 일반인을 기준으로 봤을 때 운동량은 남자가 더 많고, 칼로리 소모량은 여자가 더 많다. 여자가 남자보다 칼로리 소모량이 더 많은 이유는 호르몬 차이에서 나온다고 한다. 성관계 시 여성의 부교감 신경은 남성의 그것보다 훨씬 더 많은 에너지를 공급한다. 겉으로 보기에는 남자들이 더 많이 움직이기 때문에 힘들어 보이지만, 실제로는 여자가 더 힘들다.

넷째_ 남자는 배가 고프면 더 성욕을 느낀다.
인간의 뇌에는 호르몬 분비를 관장하는 시상하부가 존재하는데, 이 시상하부에는 식욕중추와 성욕중추가 함께 존재한다. 이때 두 중추 사이의 거리는 약 1.5mm, 서로가 너무 가깝게 붙어 있기 때문에 서로 다른 중추에 영향을 줄 수 있다. 남자의 성욕중추와 가장 가까운 것이 식욕중추 그 중에서도 '섭식중추'인데, 이 섭식중추는 '배고픔'을 느끼게 되면 자극을 받게 된다. 결론적으로 남자는 '배고픔'을 느끼면 섭식중추가 자극을 받고, 이 섭식중추가 자극을 받으면 가까운 곳에 있는 성욕중추가 반응을 하게 되어 '성욕'이 높아진다. 즉, 남자는 배가 고프면 '짐승'(?)이 된다. 반대로 여성의 경우는 남성과 달리 배가 불러야 성욕을 더 잘 느낀다. 여자의 경우, 성욕중추가 포만중추와 가까이 있기 때문에 포만감을 느꼈을 때 포만중추가 자극을 받고, 곧 성욕중추에도 영향을 미친다. 이런 뇌과학을 알리는 없겠지만 여자친구를 만나면 무조건 밥부터 먹이고 보려는 남자들의 본능적인 행동이 놀라울 뿐이다.

다섯째_왜 남자는 관계 후 잠이 들까?
여자들은 그토록 열정적으로 사랑을 속삭이던 남자가 오르가즘에 도달하자마자 피곤하다며 잠이 드는 것을 싫어한다. 관계가 끝난 후 여성은 옥시토신이 분비되면서 파트너에게 애착이 생기는데, 남성은 피곤을 호소한다. 왜 이런 일이 발생하는 것일까?

닥터 마크 레이너와 빌리 골드버그는 저서 『왜 섹스 후 남자들은 잠에 빠져 드는가?』에서 이렇게 주장한다. 관계를 하는 동안은 물론 클라이맥스에 힘을 쏟는 것은 에너지를 만들어내는 글리코겐 근육을 고갈시킨다. 이때 여성에 비해 근육이 많은 남성이 좀 더 피로감을 느끼게 된다. 또한 오르가즘 후 화학적 복합물인 프로락틴, 감마아미노낙산, 엔도르핀 같은 것들이 남자를 잠에 빠지게 하는 원인이라고 한다. 물론 이와 같은 사실을 감안하더라도 배려가 없게 느껴지는 것은 사실이다.

2 원나잇

그 날 이후 주도권을 잡는 법

Q. 제가 동호회에 가입했는데, 그곳에서 만난 남자와 원나잇을 해 버렸어요. 그날 처음 만났는데 오래 만난 친구처럼 말도 잘 통하고 편해서 제가 의지했었나 봐요. 여자보다 남자가 좀 더 많은 동호회라 어색했었거든요. 신입 회원이라고 자상하게 챙겨주고, 회식 때도 옆에서 대화를 많이 했어요. 첫 만남인데도 마치 썸타는 느낌이었다고 할까? 사실 매너도 좋고 인물도 좋더라고요. 그 남자도 저도 술을 좋아해서 첫 날부터 술을 좀 마셨는데 결국 술 때문에 그 사단이 났네요. 사실 저는 그 분 마음에 들어서 좀 잘해보고 싶은데, 혹시 저를 쉬운 여자로 보았으면 어쩌죠? 그 분과 잘 되고 싶다면 제가 뭘 어떻게 하면 되나요?

A. 원나잇 이후 주도권을 잡는 법

처음 본 남자와 술을 마시고 원나잇을 했다면 그 남자가 당신을 쉽게 보고 있는 것이 맞다. 남자는 처음 본 여자와 자고 싶어서 술을 사주고 매달리고 해서 잠을 잤으면서도 상대를 만만하게 본다. 여기서 만만하게 본다는 뜻은 "이 여자는 처음 본 남자와 잠을 자니까 나 말고도 이런 경험이 많겠구나."라고 생각한다는 뜻이다. 피차 억울할 필요 없다. 여자 입장에서도 원나잇 한 남자에 대한 신뢰가 떨어지는 건 마찬가지니까 말이다. 연예인들 중에서는 나이트나 클럽에서 만나 결혼했다는 커플들이 종종 있지만, 사실 클럽이든 어플이든 원나잇으로 시작한 커플이 행복하게 오래오래 함께 할 확률은 매우 희박하다. 서로에 대한 불신이라는 폭탄을 안고 시작하기 때문이다. 앞으로 당신에게 펼쳐질 상황은 크게 두 가지다.

첫 번째 상황은 '원나잇'이 술 때문에 생긴 한 순간의 실수로 끝나는 것이다. 이 경우에는 남자에게 연락이 안 올 텐데 아이러니하게도 이런 상황이 생기면 다행이라고 생각하면 된다. 왜냐하면 보통 이런 남자는 '꾼'이기 때문이다. 보통의 남자라면 원나잇을 한 이후 그 자극을 떨쳐내기가 쉽지 않다. 그래서 보통의 원나잇 남자들은 다시 여자에게 연락을 한다. 그런데 그 욕구를 컨트롤할 정도라면 당신에게 관심이 없던지, 아님 그냥 어제의 모든 상황이 단순한 우연이 아닌 '빅픽쳐'였다고 보면 된다. 피곤한 연애를 하고 싶지 않다면 이런 남자에게는 미련 갖지 말고 버리는 것을 추천한다.

두 번째 상황은 그 남자가 당신을 다시 만나고 싶어 하는 것이다. 마치 범인이 다시 현장을 찾듯 대부분의 원나잇 남자들은 여자에게 연락을 해온다. 분명 상대를 쉽게 보면서도 사랑과 성욕을 혼동했다고나 할까? 남자는 누울 자리를 보고 다리를 뻗는데, 첫 만남에 여자와 잠을 잔 남자는 꽤나 대담하게 여자에게 다가 올 것이다. 그럼 이런 상황에서 원나잇을 한 남자에게 쉽게 보이지 않으면서 다시 주도권을 가져올 수 있는 방법은 무엇일까?

이효리에게 배우는 연애 마인드

"내가 네 여자라는 착각을 하지 마!" 어느 방송에서 이효리가 했던 말이다. 여자가 먼저 적극적인 스킨십을 했더라도 이후에 남자가 여자를 쉬운 여자로 보지 못하게 하는 매력 있는 여자들의 연애 마인드다. 남자가 마음에 들면 함께 시간을 보낼 수 있지만, 그렇다고 날 쉽게 봐도 된다는 뜻이 아니라는 사실을 정확하게 알려줘야 한다. 그리고 그 비법은 의외로 간단하다. 바로 당신이 원할 때만 스킨십을 하는 것이다.

원나잇을 한 남자는 두 번째 만남에서도 당연한 듯 스킨십을 시도할 것이다. 이때 당신이 스킨십을 원하지 않는다면 '그날은 내가 기분이 좋아서 그랬던 것일 뿐, 오늘은 원하지 않는다.'라는 것을 명확하게 알게 해주면 된다. 그 남자가 당신에게 마음이 있다면 당신에게 가졌던 첫 인상이 바뀌고, 당신을 더 좋아하게 될 것이다. 만약 스킨십을 못 하게 했다고 화를 내거나 떠나려고 한다면 떠나도록 놔두면 된다. 버릴 남자인 걸 스스로 자백한 것이니까.

버릴 남자 Point

남자는 원나잇을 원하지만, 원나잇을 한 여자를 존중하지는 않는다.

1. 클럽에서 또는 어플을 통해 만나 원나잇을 한 후, 행복하게 연애할 확률이 얼마나 될까? 그들이 행복한 연애를 하지 못함은 시작부터 서로에 대한 '불신'이라는 폭탄을 안고 출발하기 때문이다. 정상적인 연애를 하고 싶다면 정상적인 시작을 해야 한다. 원나잇을 한 남자는 자기가 원해서 하룻밤을 보냈으면서도 상대를 믿지 못한다.

2. 첫 만남에 스킨십이 들어오는 남자가 그런 행동을 당신에게만 했을까? 가볍게 만날 남자가 필요하다면 이는 당신의 선택이다. 만약 평범하고 행복한 연애를 하고 싶다면 상대를 잘못 고른 것이다.

3. "스킨십 타이밍을 늦추는 것만으로도 나쁜 남자를 걸러 낼 수 있다." 첫 만남에 스킨십을 서두르는 남자 중에는 나쁜 남자가 많다는 진화심리학의 아버지 '데이비드 버스' 박사의 말이다.

4. 첫 만남에 술을 마시자고 하는 건 괜찮다. 그러나 여자에게 술을 먹으라고 권하는 건 나쁜 의도가 있을 확률이 높다. 여자에게 술을 먹이는 남자는 여러 스캔들에 휘말릴 가능성이 높다. 여자에게

술을 먹이는 남자는 조심하거나 가까이 하지 않는 것이 좋다.

5. 남자는 사랑과 성욕을 혼동한다. 첫 만남에 술에 취해 사랑을 속삭이는 남자는 당신과 사랑에 빠진 것이 아니라 그냥 발정이 난 상태다. 술에 취해 '취중진담' 노래를 부를지라도 믿지 마라.

6. 초반에 진도가 너무 빨리 나가, 남자가 나를 쉽게 볼까 봐 걱정이라면 '스킨십의 주도권'이 나한테 있음을 정확하게 알려주면 된다. 스킨십 주도권이란 내가 원할 때만 '스'자 들어가는 스킨십을 하는 것을 뜻한다.

연애 TIP_ 남자들이 관계 후 변하는 이유는?

'남자의 스킨십에 후퇴란 단어는 없다.' 마치 정복자 나폴레옹처럼 남자의 스킨십에는 오직 전진 또 전진만이 있을 뿐이다. 한 번 손을 잡으면 다음부터는 손잡는 걸 두려워하지 않고, 한 번 키스를 하면 그 다음에는 키스를 넘어 다른 것을 시도한다. 왜 남자들은 그토록 성관계를 서두르는 것일까? 남자들도 정확하게 설명하기 어려운 그 이유를 알아보자.

남자들이 성관계를 서두르는 이유는 그것을 빨리 맺을수록 '연애의 효율성'이 생기기 때문이다. 마음에 드는 여성을 만난 남성에게 중요한 것은 '돈과 시간'이 아니라, '그녀의 마음'이다. 남자는 연애가 막 시작될 때 에너지가 최고조인 100이다. 그녀와 잘 되기 위해 모든 것을 아끼지 않고 투자하여 그녀의 마음을 얻으려고 노력한다. 반면 진화론적 관점에서 여성은 파트너를 판단하는 프로세스가 남자보다 복잡하다. 그래서 다가오는 남자를 무조건 받아주기 보다는 그의 행동 하나하나를 분석하며 괜찮은 사람인지에 대해 알려고 한다.

남자 입장에서 보면 여자의 마음을 얻는 과정에는 많은 시간과 노력, 자원이 들어간다. 그리고 대부분의 남자들은 겉보기와는 달리 시간과 자원이 부족하다. 빨리 그녀의 마음을 얻어 구두를 신고 100m를 뛰는 것 같은 연애에서 편한 운동화를 신고 뛰는 연애로 바꾸고 싶어 한다. 남자들은 마음을 얻었다는 그 기점을 '성관계'로 본다. 실제로 여성은 '성관계'를 기점으로 남성에 대한 신뢰도가 높아지며, 그를 진짜 파트너로 인정하려는 경향이 있다. 그래서 오히려 처음보다 남자에 대한 호감도가 상승한다.

반대로 남자는 성관계를 기점으로 비로소 그녀의 마음을 얻었다고 생각한다. 성관계 한 다음날부터 그러지는 않지만, 그녀의 마음을 얻었다는 확신이 생긴 남자는 조금씩 연애의 효율성을 추구하게 된다. 쉽게 말하면 한 번 성관계를 맺기 전까지 들인 노력이 100이라면, 두 번째 성관계를 맺기 위해서는 그것의 삼분의 일인 33만큼만 들이면 된다는 것을 남자들은 본능적으로 알고 있다.

그렇게 성관계가 익숙해졌을 때쯤 "야, 나도 힘들어"라는 말이 나오는데, 여성들이 무의식적으로 '남자들은 성관계 후 변한다'라고 생각하는 이유가 바로 이 때문이다.

통칭 7점의 여자

부담을 줄 정도는 아니지만,
또한 완전 별로는 아니기에 매력이 없지는 않다.
그러나 술이라도 한 잔 하면
"어라? 은근히 귀여운 것 같기도......"
이런 느낌을 주는 여자

남자들과 가장 많이 인연을 맺는 이런 스타일의 여자가 바로
'통칭 7점의 여자'다.

'다나카 시리즈'

3 욱하는 남자친구

분노조절장애

Q. 만난 지 1년 된 남자친구가 있는데 욱하는 성격이 너무 심해요. 평상시에는 다정다감하다가도 갑자기 욱해서 소리를 확 지른다던지 그래요. 커플이 다툴 수도 있잖아요? 그런데 자기한테 뭐라고 말하고, 자기가 불리해지면 욕을 하거나 심하면 물건을 던지기도 해요. 둘이 있을 때만 그러면 모르겠는데 밖에서도 그래요. 술집에서 말다툼이 있었는데 소리를 질러서 쫓겨날 번한 적도 있고, 오락실에서 철권인지 게임하다가 열 받아서 의자를 던진 적도 있어요. 이 정도만 들으면 완전 상 또라이 같은데 신기한 건 직장생활은 아주 잘해요. 평소에는 물론 자상하고요. 화가 나면 '욱'해서 화를 좀 조절 못하는데 이걸 어떻게 해야 할까요? 약을 먹으면 좋을 텐데 그런 말 하면 자기를 정신병자로 보냐며 난리를 치고, 무슨 좋은 방법이 없을까요?

A. 남자를 만날 때 꼭 봐야 하는 것

여자들은 연애할 때 남자의 좋았던 모습을 보고 결혼을 마음먹는다. 그러나 오래 만날 남자를 판단할 때 중요한 것은 좋을 때의 모습이 아니라 안 좋을 때의 모습이다. 남자가 화가 났을 때 어떤 행동을 하고 어떻게 말을 하는지, 그 스트레스를 어떻게 푸는지 등을 보는 것은 아주 중요하다. 사실은 그 모습이 남자의 진짜 모습이고, 본 모습은 성격이고 기질이기에 고치는 것이 사실상 불가능하다. 연애할 때 보이는 폭력성은 특히 위험하다. 서로에게 잘 보여야 하는 연애 시절조차 자신을 컨트롤하지 못한다면, 함께하는 시간이 길어질수록 편하다는 핑계로 폭력성이 점점 더 심해질 것이다. 연애할 때 그토록 잘했다는 남자들도 결혼하면 다른 사람처럼 변하는데, 시작 할 때부터 나쁘면 살면서는 쓰레기가 될 확률이 높은 건 당연하다.

결론적으로 연애할 때의 남자친구가 자상한 건 당연한 것이니 그런 행동에 눈물 흘리며 감동 받을 필요는 없다. 반면, 화가 났다고 오락실에서 의자를 던지거나, 술집에서 쫓겨 날 정도로 욕을 한다면 함께하기에 큰 결함이다. 특히 사회생활에서는 멀쩡한데 여자친구에게만 '욱'하는 '선택적 분노조절장애'는 더 큰 문제고 이는 못 고친다. 물거품이 될 줄 알고도 사랑에 빠지는 인어공주가 되겠다면 모를까 폭력성은 못 고친다는 것을 기억하길 바란다.

버릴 남자 Point

연애 초반에 자상한 모습은 진짜 모습이 아닐 수도 있다. 연애 중에 보게 되는 안 좋은 모습이 그 남자의 본 모습이다.

1. 폭력성에도 데드라인이 있다. 먼저 '물리적인 폭력'은 고민할 것 없이 원 스트라이크 아웃이다. 연애를 'UFC'(세계 3대 이종 종합격투기 대회)처럼 하고 싶다면 이런 남자를 고쳐 써 보겠다고 노력하면 된다.

2. 언어폭력도 아웃이다. 여자친구에게 대놓고 욕을 하는 수준이라면 문제를 넘어 범죄가 될 수도 있다. '욕' 자체도 문제지만, 여자친구에게 욕을 하는 '의식 수준'은 더 큰 문제다. 이 정도 의식 수준의 남자와 엮이면 인생이 고달파진다.

3. 애매한 마지노선은 평소에는 자상한데 화가 너무 많이 나면 분을 참지 못하고, 혼잣말로 욕을 하는 것이다. 만약 연애 중에 남자친구가 화를 못 이겨 혼잣말이라도 여자친구가 듣게끔 욕을 한다면 그 즉시 "내 앞에서 욕하지 마"라고 단호하게 말을 해야 한다. 이 말에 남자친구가 정신을 차리고 본인이 잘못한 것을 사과하고 앞으로 반복되지 않는다면 고쳐 쓸 가능성이 있다.

4. 처음에는 목소리를 높이고 화를 내다가, 혼자 욕을 한다. 이를 그냥 넘어가면 다음에는 당신에게 욕을 하거나 손을 올려 때리려는 시늉을 할 것이다. 이 역시 "남자들이 다 그렇지"하고 넘어가 주면 곧 물건을 던지거나 기물을 파손하고 결국 당신의 몸에 손을 대게 된다. 고칠 수 없는 악순환의 연속이다.

5. 남자는 욕하면서 만날 수 있는 여자를 존중하지 않는다. 연애상담을 하다보면 "남자친구가 욕하면 저도 욕해요. 자기만 욕할 줄 아나? 그래서 괜찮아요!"라고 정신승리를 하는 여자들이 있는데, 이런 정신승리는 행복한 연애를 하는데 아무런 도움이 되지 않는다. 연애할 때 남자에게 욕먹고, 또 자기도 욕하는 여자는 인생이 고달프다. 행복한 연애를 하는 여자는 남자에게 욕을 먹지도 않고, 욕을 할 필요도 없기 때문이다. 연애할 때 보이는 남자의 폭력성 강도는 연애기간과 정비례해서 강해진다.

4 인스타그램

비대면 연애

캣콜링(Catcalling) : 남성이 길거리를 지나가는 불특정 여성을 향해 휘파람을 불거나, 성희롱적인 발언을 하는 행위를 뜻한다. 프랑스는 2018년부터 캣콜링 금지법이 시행 중이며, 위반 시 최대 750유로(한화 약 106만 원 상당)의 벌금에 처한다.

Q. 남자친구와는 인스타그램으로 연락하며 사귀게 됐어요. 처음에는 예쁘다고 해주고, 마음에 든다며 연락처를 달라고 해서 통화도 하고 그랬는데, 벌써 사귄 지 90일이 됐지만 아직 한 번도 만난 적이 없어요. 그래서 제가 이번 주말에 만나자고 하니까 "나 할머니와 밥 먹어야 해서 집에서 못 나가."라고 해요. 이게 무슨 남자친구인가요? 이런 남자의 심리는 뭘까요? 이런 남자친구를 계속 만나도 될까요?

A. 한 번도 본 적이 없는데 뭘 계속 만나?

연애는 만나서 얼굴을 마주 보며 하는 것이다. 한 번도 만나지 않고 '비대면'으로만 할 수 있는 연애는 없다. 사귄 지 90일, 그동안 얼굴 한 번 본적이 없고, 주말에 보자는 말에 할머니와 밥을 먹어야 해서 나올 수가 없다면 냉정히 말해서 이건 썸 조차도 아니다.

그 남자가 왜 당신에게 인스타그램으로 연락을 했는지는 정확하게는 알 수 없지만, 이것만은 확실하다. 당신 말고도 다른 많은 여자들에게도 똑같이 했을 거라는 것. 온라인이나 SNS에서 여자들에게 일종의 '온라인 캣콜링'을 시도하는 남자들이 많다. '한 명만 걸려라'라는 마음으로 메시지를 보내는데, 그런 낚시질에 누가 걸리겠냐고 하겠지만 당신처럼 미끼를 무는 여자들이 의외로 많다.

모르는 남자가 칭찬하고 관심 가져주면 기분 좋고 호감이 생기는 마음 이해한다. 그런데 정상적인 남자들은 모르는 여자에게 관심이 있다고 해서 마구 쪽지를 보내지 않는다. 모르는 여자에게 SNS를 통해 얼굴이나 몸매를 칭찬하고, 농담 하는 건 그 자체로 의도가 좋지 못한 것이니 거르기를 바란다. 얼굴 안 보고 이렇게 헤어지는 것을 다행으로 생각하고, 다음 연애는 '비대면' 말고 꼭 '대면'으로 했으면 좋겠다.

버릴 남자 Point!

SNS로 당신의 외모를 칭찬하며 'SNS 캣콜링'을 하는 남자는 스스로를 멋지게 포장하며 다가오더라도 무조건 거르는 게 답이다.

1. 나에게 쉽게 다가오는 남자는 다른 여자에게도 쉽게 다가간다.

2. SNS로 연락이 오는 남자들은 대부분 외모에 대한 칭찬을 하며 다가온다. 간혹 칭찬에 기분이 좋아져 경계심을 풀고 남자에게 우호적으로 반응해주는 여자들이 있는데, 그들이 좋아하는 타깃이다. 당신에게만 하는 것이 아니라 하루에도 수십, 수백 명에게 이런 메시지를 보내는 남자라는 것을 기억하길 바란다.

3. 첫 만남은 서로의 신뢰를 결정하는데 큰 부분을 차지한다. SNS를 통해서 만난 남자는 다른 여자에게도 그럴 수 있다는 것을 알기에 믿고 만나는 것이 어렵다.

4. 프로필 상 정상적으로 보이는 남자도 SNS를 통해 여자를 만나면 정상적이지 않은 남자로 변한다.

5. 배달의 민족으로 음식을 배달시켜 먹고, 쿠팡으로 쇼핑하고, 회사도 줌으로 출근하고, 학교 수업도 온라인으로 하는 비대면 세상이 도래했다지만 연애는 오프라인에서 하는 것이다. SNS를 통해서 다가오는 남자는 일단 경계하길 바란다. 이것만 실천해도 상처 받을 일이 줄어들 것이다.

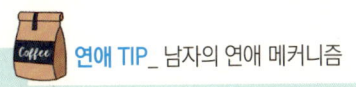
연애 TIP_ 남자의 연애 메커니즘

손예진처럼 예쁠 필요도 없다. 그저 함께 밥을 먹기 싫을 정도만 아니면 한 남자에게는 누구나 매력 있는 여자가 될 수 있다.

남자에게 소개팅을 시켜준다고 하면 가장 먼저 묻는 질문이 "예쁘냐?"이다. 우스갯소리가 아니라 대학생부터 50대 재혼 남 까지 여기에 예외란 없다. 남자들은 이처럼 '예쁜 여자'를 좋아하지만, 결국 만나는 여자는 '매력 있는 여자'다. 예쁜 건 보이는 관점이고, 매력이 있는 것은 '느껴지는' 영역이다. 이 차이를 이해하면 당신도 얼마든지 매력 있는 여자가 될 수 있다.

여기 두 명의 여자가 있다. 나의 이상형이지만 나를 생명체 보듯 대하는 민주씨, 나의 이상형은 아니지만 성격 좋고, 커피 한잔 마시며 수다도 떨 수 있는 지선씨. 다가오는 크리스마스에 뮤지컬 티켓 2장이 생긴 명길씨는 누구와 함께 뮤지컬을 보게 될까? 남자의 약 80%는 지선씨와 뮤지컬을 본다. 남자의 연애 메커니즘은 의외로 간단하다. 남자가 가장 사랑하는 사람을 파악하면 되는데, 남자들이 가장 사랑하는 사람은 예쁜 여자가 아니라 '자기 자신'이다. 남자는 자신이 세상에서 가장 사랑하는 '자기 자신'에게 우호적인 여자를 긍정적으로 평가한다.

한 여성이 소개팅을 나갔는데, 자신의 이야기를 많이 하는 남성을 만났다. 신나게 떠드는 남자의 말을 차마 끊을 수 없어서 적당하게 리액션을 보이며 들어주다 소개팅이 끝났다. 그녀는 사실 그 남자에게 별다른 관심이 없었다. 그러나 상대 남자는 생각이 달랐다. 대화를 하는 동안 자신의 말을 잘 들어주는 그녀와 '대화가 잘 통하는 것 같은데'라는 생각을 하게 됐고, 그 생각은 이내 곧 '매력 있는데'라는 느낌으로 바뀌게 됐다. 소개팅에 나가서 남자와 잘 되고 싶다면 남자가 70%를 떠들게 하면 된다.

남자는 자기에게 우호적인 여자를 만나면 '프레임'에 변화가 생긴다. 가능성을 보게 되면 용기가 생기고, 용기가 생기면 상대에게 느끼는 매력지수가 상승하게 된다. 이렇게 되면 원래 상대를 볼 때 '예쁘다'와 '아니다'로 판단했던 기준에서 벗어나 상대를 '매력의 관점'으로 보게 되는 것이다.

마지막으로 위 사례에서 명길씨가 이상형이지만 자신을 생명체로 보는 민주씨에게 데이트 신청을 안 한 것은 본능적인 위험 회피다. 그렇다고 지선씨에게 데이트 신청을 한 것이 꿩 대신 닭은 결코 아니다. 지선씨와 데이트를 하고, 썸을 타게 되면 어느 순간부터 지선씨를 가장 매력적인 여자로 느끼게 된다.

남자가 가장 사랑하는 건 여자가 아니라 자기 자신이다. 남자는 그런 자기 자신을 인정해주는 여자를 높게 평가하게 되고, 매력을 느낀다.

조건

자신이 원하는 '조건'이 무엇인지
모르는 여자는 결국 남들이 좋다고 하는
'조건'을 따라가기 마련이다.

남들이 원하는 '조건'만 보고 남자를
만난 여자는 결국
"내가 원한 건 이런 것이 아니었어."라며
후회하게 된다.

5 썸 판정

썸인지 아닌지 구별하는 법

Q. 썸타는 남자가 있는데, 일주일에 4일은 저녁마다 카톡을 해요. 서로 재미있어서 어떤 날은 1시간 넘게 톡을 하기도 해요. 벌써 한 달 반 됐는데, 이 남자가 전문직이라 회사 일이 엄청 많아서 바쁜 사람이고, 평소 출근도 일찍 해서 주말에는 너무 피곤한지 늘 잠만 자요. 솔직히 저는 만나고 싶기는 한데, 주말에 뭐하냐고 물어보면 몸이 너무 힘들어서 자야 한다며 미안하다고 하네요. 분명 카톡하고 대화 하는 거 보면 저에게 관심이 있는 것 같기는 한데, 이것도 썸 맞죠?

A. 진짜 썸이란?

"전문직의 바쁜 남자가 퇴근하고 1시간 넘게 카톡으로 대화하고 그러면 썸이지." "마음이 있으니까 너한테 그런 시간을 투자하지 않겠어?"

아마도 친구들은 이렇게 말을 할 것이다. 이것이 당신이 듣고 싶어 하는 말이니까. 나 역시 당신이 그 남자와 잘 되길 진심으로 바라고 좋은 말만 해주고 싶다. 그런데 질문이 "이거 썸 맞죠?"였으니까 남자 입장에서 솔직하게 답을 한다면, 진짜 썸이란?

"내가 먼저 연락을 하지 않더라도 상대에 의해 오프라인에서 만남이 이루어지는 관계"다.

내가 먼저 연락을 하지 않으면 만날 수 없고, 심지어 만나자고 하는데도 피곤해서 볼 수 없다고 한다면 미안하지만 썸이 아니다. 일은 엄청 바쁘고 피곤하다면서 1시간씩 톡을 하니까 오해 할 만하다. 그러나 그건 썸이 아니라 남자가 자기 전에 심심해서 당신과 대화를 하고 있는 거라고 보는 게 맞다. 왜냐하면 남자 입장에서 보면 자기에게 호감이 있는 여자는 친절하고 이해심이 많기에, 자신의 이야기를 잘 들어주고 받아 주는 여자와의 대화는 부담 없이 즐겁기 때문이다.

진짜 썸은 평일에 1시간씩 카톡을 하다가도 그것으로 부족해서 피곤한 몸을 이끌고 주말에 만나서 떠드는 게 썸이다. 주말에 얼굴 보는 건 피곤한 남자가 평일에 일 끝나고는 1시간씩 톡하는 건 안 피곤한가보지? 진짜 썸이라면 '피곤하다'는 핑계로 만남을 거절하지 않는다.

버릴 남자 Point!

진짜 썸이란 항상 내가 먼저 연락하지 않아도 상대와 오프라인에서 만날 수 있는 관계다.

1. 남자는 관심 있는 여자에게는 돈과 시간을 쓴다. 남자는 아무리 바빠도 데이트 할 시간은 있다.

2. 주말에는 피곤해서 만날 수 없다면서, 일 끝나고 더 피곤할 평일 저녁에는 1시간씩 톡을 하는 건 아이러니하다.

3. 내 눈에 괜찮은 남자는 다른 사람 눈에도 괜찮다. 랜선 상에서는 한 없이 친절하지만 오프라인에서 못 만나는 남자에게는 나와 비슷한 여자가 또 있을 확률이 매우 높다. 참고로 예쁜 여자가 하는 '얼굴 값'보다 잘난 남자들의 '꼴 값'이 훨씬 더 하다.

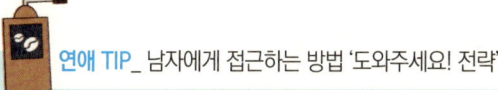

연애 TIP_ 남자에게 접근하는 방법 '도와주세요! 전략'

사람은 자기를 도와주는 사람을 좋아하지만, 자신이 도와주는 사람에게도 호감을 느낀다. 특히 남자는 여자에게 도움 요청받는 것을 좋아한다. 물론 "오빠 저 이달 카드 값 때문에 100만 원만 빌려주세요." 이런 부탁은 싫어하겠지만 자기가 잘하고, 좋아하는 것들에 대해 조언을 구하거나 도움을 요청하면 기꺼이 도와주는 것이 남자다. 그리고 이런 과정에서 자신을 인정해주는 여자에 대한 호감도가 높아진다.

예를 들면 지선이가 명길 오빠에게 평소 조금 관심이 있다. 이번에 회사에서 영어로 파워포인트 자료를 만들어야 하는데, 지선씨는 파워포인트도 서툴고, 영어도 약하다. 반면 명길 오빠는 캐나다로 연수를 다녀와서 영어도 잘하고, 회사일로 파워포인트도 잘 만든다. 이럴 때 "오빠, 제가 맛있는 저녁 살 테니까 저 영어로 파워포인트 만드는 것 좀 2시간만 도와주세요. 오빠 도움이 꼭 필요해요."라고 요청하면, 정말 같이 숨도 쉬기 싫을 정도로 싫지 않으면 도와준다. 물론 그러면서 좋은 감정도 생긴다. 상대가 잘하는 것, 좋아하는 것을 파악하고 그것에 대한 도움을 요청해보자. 그 일을 계기로 상대와 오프라인에서 만나는 것이 썸으로 가는 좋은 방법이다.

'도와주세요!' 전략을 쓸 때 알아야 할 3가지

첫째_부담스럽지 않은 부탁이어야 한다.
돈이 많이 들거나, 시간과 노력이 너무 드는 부탁은 부담스럽다. 남자가 여자에게 별 관심이 없는 상태라면 거절 할 가능성이 크다. 따라서 적당한 수고로 남자가 생색을 낼 수 있는 부탁을 하는 것이 좋다.

둘째_남자가 잘하거나, 취미로 좋아하는 것이면 좋다.
남자에 대한 정보가 필요하다. 주식, 영어, 배드민턴, 파워포인트, 낚시, 등산 등 어떤 것도 상관없다. 남자가 잘하거나 취미로 좋아하는 것에 대해 궁금해 하고 배우고 싶어 하면 남자는 즐겁게 당신을 도와줄 것이고, 반복해서 만날 수 있는 기회를 만든다면 썸으로 발전할 확률은 더 커진다.

셋째_반드시 사례를 해라.
여기서 사례는 돈이나 선물을 주는 것이 아니라 오프라인에서 밥을 사거나, 영화를 보여주거나 하는 것이다. '도와주세요' 전략의 핵심은 도움을 받고 나서 오프라인에서 만나는 것에 있다는 것을 꼭 기억해야 한다.

연애의 효율성

스마트 폰이 생겨나고,
남자들이 연애의 효율성을 추구하기 시작했다.
스마트 폰의 대중화와 함께
'썸' 문화가 확산되기 시작했고,
여자들의 연애가 복잡해지기 시작했다.

6 썸 판정

주말에는 못 만나는 남자

Q. 첫 직장에 입사한 지 1년 조금 넘은 여자입니다. 같은 부서에 3살 연상의 대리님을 짝사랑하고 있어요. 같이 업무하고 지내다보니 어느 순간 좋아져 있더라고요. 제가 아직 막내다보니 일도 많이 도와주셔서 제가 언제 커피 한 잔 사겠다고 했었고, 커피 마시면서 이런 저런 이야기하다가 용기내서 퇴근 후 같이 밥을 먹자고 했는데 흔쾌히 받아줘서 밥도 먹었어요. 제가 먼저 먹자고 해서 밥값을 몰래 계산했더니 놀라면서 자기가 다음에는 사겠다고 하고 헤어졌고, 다음 날 제가 아이스크림 사달라고 해서 같이 먹으면서 이런 저런 이야기를 많이 했어요. 그 일 이후로 회사 일 때문이나 상담이나 이런 저런 핑계로 퇴근 후 몇 번 만났어요.

여기까지만 보면 분명 썸이고, 친구들도 다 썸이라는데 문제는 주말에는 절대 만날 수가 없어요. 평일 데이트는 뭐랄까? 데이트가 아니라 회식 같다고 해야 할까요? 너무 짧아서 주말에 진짜 데이트를 하고 싶은데 벌써 4주째 거절당했어요. 분명 제가 자기 좋아하는 걸 알 텐데 선을 긋는 것인지 아닌지 알 수가 없네요.

A. 이건 '썸'이다

첫눈에 사랑에 빠지면 좋겠지만, 대부분의 사랑은 마치 단풍이 물들 듯 조금씩 물들어간다. 특히 부서 막내 후배, 그것도 자기에게 우호적인 여자와의 썸은 남자입장에서 보면 재밌는 만큼 부담스럽다. 잘 되어도 결국에는 사내연애에 신입사원을 꼬신 남자가 되므로 주변의 안 좋은 시선에 노출 될 확률이 매우 높기 때문이다. 물론 그 시선과 부담을 극복할 정도로 상대가 좋다면 위험 부담을 안고서라도 모험을 하겠지만, 지금 상황은 무언가 애매한 거리가 느껴지는 상황이다.

그럼에도 썸 판정을 해보자면 현재 상황은 긍정적인 요소가 좀 더 많다. 썸 탈 때 가장 중요하게 봐야 할 것은 '오프라인에서 둘이 만날 수 있느냐?'이다. 이런 관점에서 보면 현재 상황은 '썸' 단계는 맞고, 완전 나쁘지는 않다. 여기서 자연스럽게 둘 만의 주말로 발전된다면 좋겠지만 지금은 주말에 만나달라고 4주 동안 매달릴 것이 아니라 최대한 평일 저녁에 자주 만나면서 즐거운 시간을 보내는 것이 우선이다.

선배에게 업무적으로 도움 받을 수 있는 것들이 있다면 찾아서 부탁하고, 고마움을 표현하며 평일 데이트 하는 것을 추천한다. 주말에 집에 있으려는 남자를 억지로 집 밖으로 끌어내려고 하면 부담스럽다며 평일에도 만나기 어렵게 될 것이다. 반대로 평일에 데이트를 즐겁게 자주 한다면 결국 선배도 후배를 '여자'로 느끼게 되고, 주말에도 데이트를 하는 사이로 발전하게 될 것이다.

한 가지 확실한 건 주말 점심에 만나는 것보다 평일 저녁 퇴근 후에 하는 데이트가 서로를 더 매력적으로 보이게 한다는 점이다.

> **남자 심리 Point!**
>
> 썸 탈 때 중요한 것은 '오프라인에서 만날 수 있느냐'이다. 주말에 집착해서 상대의 개인공간으로 무리하게 들어가려고 하면 상대가 도망갈 것이고, 평일 저녁에 즐거운 시간을 자주 보내면 상대가 본인의 개인공간으로 당신을 초대할 것이다.

7 스킨십

남자친구가 스킨십 장면을
영상으로 찍자고 해요

Q. 남자친구와 사귄 지 11개월 됐어요. 다 좋은데 남자친구가 계속 둘만의 스킨십 장면을 영상으로 찍고 싶어 해요. 저희가 장거리 연애라 1~2주에 한 번씩 보는데, 혼자 있을 때 보고 싶다고 자기는 그런 남자 아니니까 정말 믿고 딱 한번만 찍자는데 어떻게 해야 할지 모르겠어요. 벌써 몇 번 거절했는데 지난번에는 아예 카메라와 삼각대, 조명까지 들고 왔어요. 정말 믿어도 되는 걸까요? 이걸 어쩌죠?

A. 사랑은 연필로 써라

막 사랑을 시작할 때는 '이 사람과는 라면만 먹으며 살아도 평생 행복할 것 같다'는 착각 속에 빠진다. 영원히 함께 행복 할 것 같기에 지워지지 않는 '매직'으로 인생에 낙서하듯 만나는 커플들이 있는데 절대 그러질 않길 바란다. 남자친구와 뜨겁게 연애하고 둘이서 합의하에 무엇을 하든지 자유다. 그러나 장거리 연애든 혼자 보든 이유 여하를 막론하고 당신의 귀한 인생 저당 잡히고 싶지 않으면 '영상 촬영' 이런 문제로 고민조차 하지 않아야 한다.

냉정하게 말하면, 이런 문제를 고민하니까 그 틈을 보고 남자친구가 당신에게 요구하는 것이다. 당신 남자친구가 말하는 '그런 남자'가 어떤 남자인지는 모르겠지만, 정상적인 남자라면 '그런 영상'을 찍자고 하지도 않는다. 다시 말하면, 영상을 찍자고 강요하고, 카메라에 삼각대, 조명까지 준비하는 남자친구, 정상적이지 않은 부분이 있다. 정확하게 말하면 위험하다는 뜻이다.

헤어지라고는 말 안하겠지만 조심해서 나쁠 건 없으니 주의 깊게 봐야 한다. 사랑은 절대 연필로 써야 한다는 것은 꼭 기억하길 바라고, 싫은 건 싫다고 단호하게 이야기를 해야 한다. 애매하게 망설이는 것처럼 보이니까. 남자친구가 무슨 에로영화 감독도 아니고 카메라에 삼각대 조명까지 준비를 하는 것이다. 싫다고 단호하게 이야기 했는데도 또 장비를 챙겨 오면 그땐 이별을 해야 한다. 그 정도로 말을 해야 조명 같은 거 안 챙겨오고, 당신을 만만하게 보지 않을 것이다.

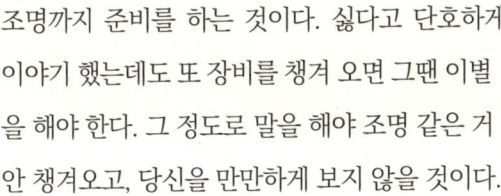

버릴 남자 Point!

야동을 보고 상상하는 것은 자유지만, 찍기 싫다는 연인을 에로영화의 주인공으로 만드는 것은 범죄다.

1. 만약 동의 없이 촬영 된 사실을 알았다면 헤어진 후 확실하게 지우기 위해 '고소'까지 해야 하는 상황이다. 순간의 판단이 내 인생에 어떤 영향을 미칠지 모른다.

2. 처음부터 나쁜 남자가 아니었을 수도 있다. 상대가 애매하게 거절하니 혹시나 설득할 수 있을 거라는 기대감을 가졌을지도 모른다. 이때는 이별할 생각으로 단호하게 거절해야한다. '설마 내 남자친구가 그러지는 않겠지?'라는 기대에 인생을 걸지 말기 바란다.

3. 사랑은 언제나 연필로 써야 한다. 그 순간에는 영원할 것처럼 사랑을 하더라도 언제든 변할 수 있다는 사실 또한 알고 있어야 한다. 둘이서는 합의하에 무엇을 해도 괜찮지만 그 모든 모습을 카메라에 담을 필요는 없다.

 **연애 TIP_** 안전 이별 하는 법

안전 이별 : 이별을 통보한 전 연인을 대상으로 폭행 등을 저지르는 '이별범죄'가 급증하면서 등장한 용어. 자신의 안위와 자존감을 지키면서 이별하는 것을 가리킨다.

남자들은 경험하지 못해 잘 못 느끼지만, 여성들은 일상적인 위협을 자주 경험한다. 특히 요즘처럼 안 좋은 뉴스들을 자주 보는 시대에는 '연애를 잘하는 것' 만큼이나 중요한 것이 바로 '안전 이별'을 하는 것이다.

사랑을 할 때는 믿고 싶다. 상대의 모든 말과 행동을 진심으로 믿고 싶고, 그가 한 약속들도 믿고 싶다. 행복할 때는 연애하다 결혼까지 갈 것 같지만 남녀 관계라는 건 어제까지 행복하다가도 오늘 이별할 수도 있는 불완전한 관계다. 어제까지는 사랑을 속삭이던 남자가 오늘부터 갑자기 전혀 다른 사람이 될 수도 있다는 뜻이다.

안전 이별을 하기 위한 가장 최선의 방법은 처음부터 나쁜 남자를 만나지 않는 것이다. 혹시 남자친구와 만나면서 '안전 이별'이란 단어를 생각한 적이 있다면 그 자체로 상대를 잘못 만났다는 증거이며, 무언가 잘못 되고 있다는 것을 본능적으로 감지했다는 뜻이다. 시작할 때 잠시 정체를 포장할 순 있겠지만 나쁜 본성은 자신도 모르게 꿈틀거리기 마련이다.

둘만의 스킨십 영상을 찍자고 하는 남성은 단호하게 걸러야 한다. 몰래 찍다가 걸렸어도 바로 아웃이다. 이별 후에 나쁘게 집착하는 남성들이 자주 사용하는 방법이 바로 '리벤지 포르노'(디지털 성범죄)다.

연애 중에 폭력성을 보인다면 그 역시 원 스트라이크 아웃이다. 나쁜 남자들은 처음부터 나쁜 행동을 하지 않는다. 한 걸음 한 걸음씩 다가가며 상대의 반응을 살펴본다. 상대가 허락하면 강하게, 조금 더 강하게 상대를 적응시키며 결국 본색을 드러낸다. 만남 중에 상대가 이상한 스킨십을 요구하거나 폭력성을 보인다면 관계가 깊어지기 전에 최대한 빠르게 멈춰야 한다.

만나는 여자가 자신밖에 없다고 생각하게 되면 나쁜 남자는 그 점을 파고든다. 나쁜 남자들이 겉으로는 세상 무서울 것 없는 것처럼 행동을 하지만 나름대로 치밀하게 계산하고 건드려도 문제없다고 판단되는 사람을 건드린다. 따라서 상대를 두려워하면 나쁜 남자는 그런 여자에게 더 강하게 나온다. 남자친구와 문제가 있어서 헤어졌다면 주변에 그 사실을 알리고 단호하게 대처해야 한다. 제일 먼저 가족에게 알리고, 친구들과 주변에 알린 후 상황에 따라서는 경찰에도 빠르게 알려야 한다.

가장 안 좋은 행동은 남자친구를 설득하려고 하는 것이다. '이런 행동이 서로에게 도움이 안 되고, 너의 미래를 위해서도 나쁘다'식으로 설득을 시키려고 하는데 안 좋은 접근 방법이다. 정서적으로 문제가 있는 사람에게 이성적인 설득이 통할 리 없고, 냉정하게 생각할 수 있는 사람이면 이런 문제를 일으키지도 않는다. 그동안 사랑했던 감정이 남아 마지막까지 좋게 헤어지고 싶어 하는 여자들이 많지만, 남녀 관계라는 것은 헤어지면 관계가 좋을 수는 없다는 것을 인정해야 한다.

노래가사처럼 아름다운 이별은 없다. 이별을 할 때는 단호하게 하는 것이 좋다. "너도 이제 나 같은 사람 말고 더 좋은 사람 만나" "우리 잠시만 시간을 갖고 좀 생각해 보자"라는 말로 애매하게 좋은 사람으로 남으려고 하지 말고 단호하게 이별을 통보하고 관계가 끝났음을 알려야 한다.

그 어떤 분야의 전문가들도 정상적이지 않은 사람과 헤어지면서 어떻게 안전 이별을 해야 하는지 100% 정답을 줄 수 없다. 언제나 최선은 예방에 있다. 스스로 남자에게 의존하지 않도록 자존감을 높이고, 나쁜 남자는 최대한 피해야 하며, 어쩔 수 없이 만났다면 이상한 느낌이 드는 순간 최대한 빨리 미련 없이 단호하게 헤어지는 것이 안전한 이별을 통해 나 자신을 지키는 길이다.

이별 후 연락 오는 구 남자친구

연애 스포일러

Q. 남자친구와 저는 소개팅으로 만나서 1년 4개월 째 연애를 하고 있었는데요. 헤어지기 얼마 전 남자친구로부터 충격적인 말을 들었어요. 너는 좋은 여자인데 너랑 결혼은 못 할 거 같데요. 그래서 '나랑 결혼하기 싫은 거냐? 아니면 결혼 자체가 하기가 싫은 거냐?'고 물으니까 사실 자기는 원래 '비혼주의자'라 결혼도 하기 싫고, 저와 결혼하면 불행할 것 같다고 하네요. 나이 서른 넘어 1년 4개월을 만나면서, 한 번도 비혼주의란 말을 한 적이 없는데 왜 그럼 처음부터 비혼주의자라고 이야기를 안 했냐고 하니까 자기도 처음에는 절 너무 좋아해서 자기가 바뀔 줄 알았는데 안 바뀌더라고 하네요. 너무 믿고 좋아했던 만큼 속상해서 제가 화를 많이 냈어요. 남자친구는 오히려 화도 내지 않고 이쯤에서 헤어지자고 단호하게 이야기 하더라고요.
제가 몇 번을 잡았지만 남자친구는 저와 결혼할 마음이 진짜 없다면서,

저는 결혼을 빨리하고 싶어 하니 좋은 사람 만나 결혼하라고 하더라고요. 그렇게 제 생일을 일주일 남겨두고 헤어졌어요. 그때 진짜 많이 힘들었는데 다행히 친구들과 주변에서 힘을 줘서 간신히 지워나가고 있어요. 그런데 한 달이 지난 어느 날, 뜬금없이 카톡으로 "보고 싶다."라고 톡이 왔어요. 그 사람 마음이 바뀐 걸까요?

A. 절름발이가 범인이다

(최고의 반전영화 〈유주얼 서스펙트(The Usual Suspects)〉의 스포일러)

혹시라도 기대했다면 미안하지만 그 사람은 바뀌지 않았다. 오늘 뜨겁게 사랑해도 내일 헤어질 수 있는 것이 연애다. 하물며 연애하면서 "너랑 결혼은 못 할 거 같아. 너랑 결혼하면 불행할 거 같아."라고 대놓고 말했다면 당신을 그만큼 만만하게 봤다는 뜻이다. 그런 말을 하고 떠났던 남자가 찾아와서 매달리는 것도 아니고 고작 카톡으로 "보고 싶다"는 한 마디를 했다고 흔들리다니. 당신도 참 안타깝다. 지금 알 수 있는 것은 두 가지다.

첫 번째는 그런 '말 폭탄'을 던질 만큼 당당했던 남자, 당신이 그토록 사랑했던 남자가 사실 다른 여자들에게는 큰 인기는 없다는 것이다. 연애 중에, 여자로부터 엄청 사랑을 받으면 남자는 순간 자신이 잘나서 그런 줄 알고 착각과 자만심에 빠지곤 한다. 그렇게 상대를 함부로 대하다 헤어지고 난 뒤 '연애의 찬바람'을 맞으며 갈 곳이 없어지면 대부분의 남자들은 예전 여자친구를 그리워한다.

두 번째는 당신이 어떻게 반응하느냐에 따라 구 남자친구의 액션이 결정 될 것이다. 답장을 안 하거나, "연락하지 말고 좋은 사람 만나"라고 메시지를 보내면 떨어져 나갈 확률이 높다. 만약 '보고 싶다'는 카톡에 '잘 지내지?'라고 답장을 보내면, 남자친구는 얼굴 한 번 보자고 할 것이고, 만나서 밥 먹고 술 한 잔 하면서 '미안하다 앞으로 잘할게'하면서 손 한번 잡으면 당신은 또 속는 셈치고 다시 만나게 될 수도 있다.

다시 만난다면 짧게는 1개월, 길게는 3개월 정도까지는 구 남자친구가 당신을 존중할거다. 예전과는 달라진 것 같은 남자를 보며 변했다고 착각할 수 있지만 결국에는 "너랑 결혼은 못 한다고 내가 얘기했잖아. 다 알고 다시 시작했으면서 이제 와서 왜 그래?"라는 말을 듣게 될 거다. 구 남자친구가 마음이 변해서 당신을 다시 찾아온 거라 생각한다면 큰 착각이다.

버릴 남자 Point!

설문조사에 따르면 여성의 90.7%가 구 남자친구로부터 연락을 받아본 적이 있다고 한다. 붙잡으려는 확신 없이 떠보는 카톡이나 SNS 메시지 등은 아무런 의미가 없다.

1. 문제는 남자가 비혼주의자인지 아닌지가 아니다. 사귀다가 이별하는 것도 자연스러운 것이지만, 그 과정에서 "너랑 결혼은 못 한다." "너랑 결혼하면 불행할 것 같다."는 막말을 했다는 것이 문제다. 그 남자 없으면 못 살 것처럼 사랑하는 건 자유지만, 여자가 나 없으면 못 산다는 걸 알게 되는 순간부터 남자는 변한다.

2. 연애는 추리소설이다. 누가 추리소설을 뒤에서부터 읽는가? 결혼하려고 연애하는 것도 아니고, 연애의 목적이 결혼도 아니다. 그렇지만 대놓고 "너랑 결혼은 못 한다"라고 말하는 남자와는 계속 만날 필요가 없다. 당장 내일 결혼할 것처럼 사랑하고, 모든 것을 책임지겠다고 말하는 남자도 변한다. 하물며 "난 너랑 놀기만 할 거야. 책임 같은 건 안 져"라고 말하는 남자와는 미래가 없다. 추리소설의 범인이 누군지 알아버렸다면 끝까지 확인하려고 하지 말고, 그 시간에 다른 책을 읽길 바란다. 책임감 없는 남자는 못 고친다.

3. 연애에 있어 자신의 행동에 책임지지 않고도 만날 수 있는 여자를 남자는 책임지려고 하지 않는다.

연애 TIP_ 남자친구를 바꿀 수 있는 골든타임은 언제일까?

연애코치 16년, 그동안 착한 남자가 나쁜 놈이 되는 건 많이 봤지만, 나쁜 놈이 착한 남자로 대변신 하는 건 드라마에서만 봤다. 그럼에도 사랑에 눈이 멀어 남자친구를 꼭 바꿔 보고 싶다면 그 골든타임은 언제일까?

진화론적 관점에서 보면 이성을 판단하는 프로세스는 여자가 남자보다 더 복잡하다. 직설적으로 말하면 '나쁜 연애상대'를 만났을 때 얻는 피해가 여자가 더 크기 때문에 파트너를 선택하는 과정이 남자보다 더 신중하다.

위험부담이 큰 만큼 여자들은 본능적으로 다가오는 남자를 경계한다. 그러나 남자의 모습이 진심이라고 판단되는 순간부터 애정도가 급상승하고 이성적인 판단 스위치를 꺼버린다. 이 남자가 내 남자라고 판단되면 초반 까칠했던 모습은 온데간데없고, 곧 결혼이라도 할 것 마냥 남자에게 빠져든다. 남자도 그런 그녀가 한 없이 사랑스럽다. 그리고 사랑과 함께 스킨십도 시작되는데, 이때 남자의 스킨십에 후퇴란 단어는 없다. 스킨십이 전진 또 전진하는 시기, 남자는 진실한 사랑 앞에 돈과 효율성 따위는 중요하지 않다는 듯 여자에게 올인 한다. 그렇게 사랑에 빠진 남녀는 매우 가까운 사이가 된다. 하지만 서로가 편하게 '잠자리'를 잡게 되는 무렵부터 남자는 '현실감'이란 것을 찾기 시작하고, 여자는 미처 보지 못했던 남자의 진짜 모습들이 보이기 시작한다.

남자가 바뀌는 척이라도 할 수 있는 마지노선은 '3~6개월'

사랑에 빠진 여자는 남자친구와 다투기 싫어서, 남자친구가 기분 나빠 할까봐, 남자친구와 이별하게 될까봐 등등의 이유로 문제점을 참고 넘어간다. 끝까지 참고 살 수 있으면 다행이지만 인내심에도 한계가 있다. 결국 시간이 지나 더 이상 참지 못하는 때가 오면 다툼이 발생하게 되고 그런 여자친구에게 남자친구가 말한다. "나 이런 거 모르고 만났어? 갑자기 왜 이래?"

남자를 바꾸는 것이 매우 어렵지만 그럼에도 기대를 걸어본다면, 사귀고 나서 스킨십이 한 없이 자유로워지기 전까지가 골든타임이다. 커플마다 진도에 차이가 있을 수 있지만 대략 사귄 후 3~6개월 정도라고 본다. 변하지 않으면 그녀를 놓칠 수도 있을 때 남자는 행동에 변화를 주는 척이라도 한다. 백종원이 말했다. "처음에는 카메라 앞에서 연기를 했지만, 연기를 하다 보니 그 모습이 내 본 모습이 됐다." 마치 백종원처럼 그 '척'이 그 남자의 본 모습이 되길 기대하는 것이 최선의 선택이다.

연애 초반, 다툼을 피하지 말고 잘못된 부분은 잘못됐다고 말해야 한다. 남자는 존중하지 않아도 만날 수 있는 여자를 존중하지 않기 때문이다.

 **9 게임중독**

남자친구의 게임, 하루 몇 시간까지
이해할 수 있을까?

Q. 남자친구가 게임중독이라 이별하려고해요. 아이러니하게도 저희가 게임 동호회에서 만났는데 게임 때문에 헤어지네요. 저도 게임을 좋아해서 게임하는 것을 나쁘게 보지는 않아요. 오히려 취미가 같아서 말도 잘 통하고, 함께 PC방에서 게임도 즐기고 사이가 좋았죠. 남자친구가 게임을 잘 하거든요. 썸탈 때는 그 모습이 멋져보였나 봐요. 남들은 썸 탈 때 극장가서 영화보고 놀이동산도 가는데, 저희는 오히려 PC방에서 썸을 탈 정도였죠.

그런데 본격적으로 연애가 시작되니 단점이 보이기 시작하더군요. 아무리 게임이 좋아도 둘 다 직장인인데 게임만 하고 살 순 없잖아요. 연애 초반에는 밥도 밖에서 먹고, 가끔은 밖에서 데이트도 했는데 사귄지 몇 달 됐다고 이제는 대놓고 게임만 하네요. 알고 보니 게임 때문에 회사생활에도 문제가 있어서 이직도 했더라고요. 지금 다니는 회사도 몇 달 밖에 안 됐다고 하네요.

심지어 "이럴 거면 게임이랑 연애하지 왜 나랑 연애 해?"라고 했더니 "응 너는 내가 게임해도 이해해 줄 것 같아서"라고 하네요. 그리고는 "내가 바람을 폈냐? 범죄를 저질렀냐? 건전한 취미생활을 하는데 왜 이러는데?"라며 오히려 제게 화를 내요. 이 남자 만나면 불행하겠죠? 아무래도 그만둬야겠죠?

A. 만나면 함께 불행해 질 남자다

게임은 재밌는 것이 맞지만 여자친구 만나는 이유가 "게임하는 걸 이해해 줄 줄 알아서"라는 건 멘트가 좀 너무했다. 이런 사고방식을 가지고 있는 것도 문제지만, 이 말을 대놓고 여자친구에게 말하는 남자는 못 바꾼다. 마음에 안 든다면 헤어지는 것이 맞다.

한 결혼정보회사에서 설문조사를 했더니, 결혼을 앞둔 상황에서 애인이 하루 3시간 이상씩 게임을 한다면 어떻게 하겠느냐는 질문에 여성의 약 80%는 '헤어지겠다'고 답했다. 남자들의 62%는 '상관없다'고 말했단다. 화내지 않고 수용할 수 있는 게임 시간은 얼마나 되냐고 물었더니, 1시간(29.2%)과 30분(25.4%)이 가장 많았다. 아예 하지 말라는 것이 아니라 하루 1시간 정도면 괜찮다고 보는 게 싱글남녀들의 대체적인 생각이다.

남자친구의 주장처럼 게임이 남에게 피해도 안 주고, 죄짓는 것도 아닌 건 맞다. 따지고 보면 취미로 술을 마시거나 도박하는 것보다 낫다고 볼 수 있다. 만약 남자가 하루 10시간씩 게임을 하더라도 연애에 문제가 없고, 직장생활도 성실하게 잘 한다면 여자친구 입장에서는 조금 한심해 보이더라도 그건 취미생활이다. 그것을 뭐라고 하면 간섭이 된다. 그러나 게임 때문에 연인 사이에 문제가 생기거나, 심지어 게임 때문에 회사에서 문제가 생겨 그만 둘 정도라면 한심한 걸 넘어서 무책임한 것이다. 이런 남자와 먼 미래를 생각하는 것은 추천하고 싶지 않다.

'게임을 하는 정도와 태도', '게임이 생활에 미치는 영향'을 봤을 때, 그 정도의 '과몰입'은 당장은 고치기 어려울 것으로 보인다. 여자친구가 엄마도 아니고 언제까지 스스로 게임에서 벗어나기만 기다릴 순 없는 법. 안타깝지만 당신 선택이 옳고 응원한다.

버릴 남자 Point

정상적인 생활에 지장을 받는 정도로 게임에 몰두하는 상태를 '게임 중독'이라고 한다. 연인이 게임하는 것이 못 마땅해 보여도 일상과 사회생활, 건강에 문제가 없다면 이는 건전한 취미가 맞다. 반면에 문제가 있다면 이는 중독이고 이런 사람과는 정상적인 연애는 불가능하다.

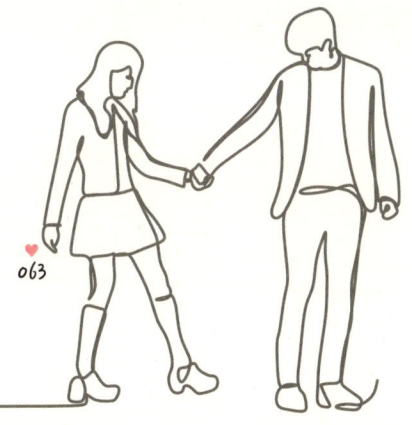

연애 TIP_ 게임에 관한 재미있는 상식 5가지

첫째_ 미국 스탠포드 대학교 연구에 따르면, 같은 게임을 하더라도 남자가 여자보다 얻는 만족감이 더 큰 것으로 나타났다. 성인 남녀 11쌍에게 시뮬레이션 게임을 하도록 하고 참가자들에게 fMRI(Functional Magnetic Resonance Imaging, 기능성 자기공명영상)를 실시한 결과 남성이 여성보다 중독 및 보상을 조절하는 두뇌부위인 '중뇌피변연계'에서 활성화된 부분이 더 많이 나타났다.

둘째_ '결혼을 앞둔 연인이 하루 3시간 이상 게임을 한다면?'이라는 주제로 결혼정보회사에서 설문조사를 했다. 여성의 79.9%는 '헤어진다.' 남성의 62%는 '만난다.'라고 응답해 남성이 여성보다 게임에 좀 더 우호적인 것으로 나타났다. 또한 싱글남녀가 게임에 과 몰입해 있는 연인과 헤어지고 싶어하는 이유 1위는 '게임하는 모습 자체가 한심해서'(33.8%), 2위는 '데이트 할 시간을 빼앗기니까'(20.5%), 3위는 '시간 낭비니까'(17.4%) 등이었다.

셋째_ 연인의 게임 시간, 하루 평균 몇 시간까지 허락 하겠는가의 질문에는 1시간(29.2%) 정도는 허락하겠다는 의견이 가장 많았다. 이어서 30분(25.4%), 3시간(19.4%), 2시간(15.9%) 순이었다.

넷째_ WHO가 제시한 게임중독의 진단 기준은 다음과 같다.
(1) 게임을 도저히 멈출 수 없을 만큼의 조절력 상실
(2) 다른 일상 활동보다 현저하게 게임에 우선순위 부여
(3) 부정적 문제가 발생함에도 불구하고 게임에 과 몰입
위와 같은 행동으로 인해 일상생활, 직장생활, 대인관계 등에서 심각한 장

애를 초래하거나, 최소 12개월 동안 지속되거나 반복적으로 나타나는 경우 게임 중독으로 본다.

다섯째_아래 7가지 항목 중 4가지 이상의 증상이 12개월 동안 지속적으로 나타나면 '게임이용장애'를 의심할 수 있다.
(1) 일상생활이 게임으로 지배될 수준의 과몰입.
(2) 게임을 못할 때 금단 증상, 짜증 불안감, 슬픔이 생긴다.
(3) 내성이 생겨 점점 게임 시간이 늘어난다.
(4) 조절 능력의 소실.
(5) 다른 인간관계나 취미에 대한 흥미가 현격히 떨어진다.
(6) 부정적 감정, 무기력감, 죄책감, 불안으로부터 도피하기 위해 게임을 한다.
(7) 인터넷 게임으로 대인관계, 직장, 학교생활에서 큰 위기에 처한 적이 있다.

10 동거

사랑은 충전하지 못하는 배터리

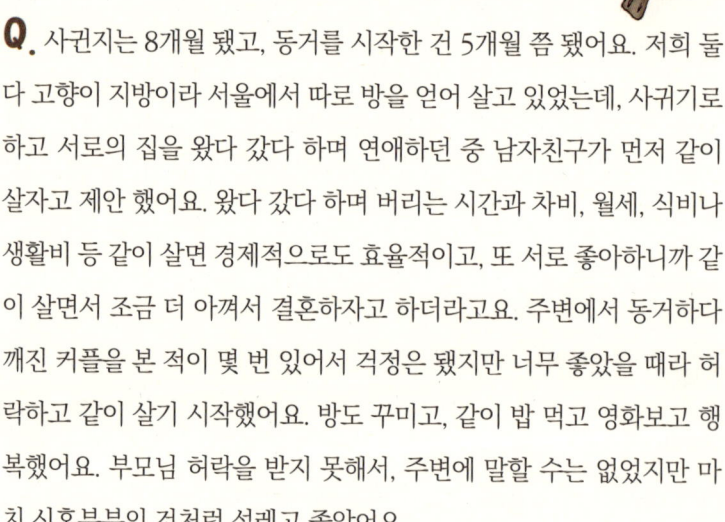

Q. 사귄지는 8개월 됐고, 동거를 시작한 건 5개월 쯤 됐어요. 저희 둘 다 고향이 지방이라 서울에서 따로 방을 얻어 살고 있었는데, 사귀기로 하고 서로의 집을 왔다 갔다 하며 연애하던 중 남자친구가 먼저 같이 살자고 제안 했어요. 왔다 갔다 하며 버리는 시간과 차비, 월세, 식비나 생활비 등 같이 살면 경제적으로도 효율적이고, 또 서로 좋아하니까 같이 살면서 조금 더 아껴서 결혼하자고 하더라고요. 주변에서 동거하다 깨진 커플을 본 적이 몇 번 있어서 걱정은 됐지만 너무 좋았을 때라 허락하고 같이 살기 시작했어요. 방도 꾸미고, 같이 밥 먹고 영화보고 행복했어요. 부모님 허락을 받지 못해서, 주변에 말할 수는 없었지만 마치 신혼부부인 것처럼 설레고 좋았어요.
그런데 아무래도 같이 사니까 불편한 부분들도 생기더라고요. 친구들도 만나고 회사에서 회식도 하고 그러는데 서로 신경 쓰느라 불편하고,

별 거 아닌 일로 다툼도 생기고 그랬어요. 지난번에는 밤에 같이 술 마시면서 대화하다가 다투게 됐는데 남자친구가 "야, 지긋지긋하다. 우리 그만하자. 내 집이니까 나가라."라고 하더라고요. 그리고 그때부터 다투기만 하면 예전과 다르게 화를 심하게 내고, "나가라" "헤어지자"라는 등 심한 말을 해요. 처음에는 그렇게 다정했는데 벌써 사랑이 식었구나 하는 생각에 엄청 울었어요. 대체 어디부터 잘못된 걸까요?

A. 사랑은 충전하지 못하는 배터리와 같다. 때로는 우유보다 유통기한이 짧다!

"이 남자가 나와 스킨십을 하려고 만나는 건가?" 많은 여자들이 연애가 시작되고, 남자와 스킨십을 하게 되면 한 번쯤 이런 생각을 한다. 실제로 그런 착각이 들 정도로 남자들이 스킨십을 하려고 하기 때문이다. 이 시기 남자는 비효율적인 연애를 한다. 맛집을 찾아다니고, 야놀자에 돈을 쓰는 것을 아끼지 않는다. 연애 초반의 이런 비효율적인 연애는 즐겁고 달달하기에 여자들은 오히려 남자에 대한 믿음을 갖게 된다. 이때 만약 둘 중 한 명이 혼자 살고 있다면 스킨십에 가속도가 붙는다. 자연스럽게 함께 있는 시간이 늘어나고, 같이 밥도 만들어 먹고 영화도 보던 중에 한 명이 말한다. "나 오늘 그냥 여기서 자고 내일 출근할까?" 이런 날이 하루 이틀 쌓이게 되면 자연스럽게 '동거'가 시작된다.

명분은 아주 좋다. 같이 생활하면 월세도 아끼고, 생활비도 아끼고, 서로 왔다 갔다 하는 이동시간도 아낄 수 있다. 아낀 시간과 비용으로 함께 맛있는 것도 해먹고, 영화도 보고, 마치 동화 속 주인공처럼 'happily ever after'(그 후로 오랫동안 행복하게 살았어요.)할 것만 같다. 곧 욕실에는 칫솔이 2개가 된다.

연애의 '효율성'을 고려하여 '동거'를 시작하지만, 아이러니하게도 효율성을 따지기 시작한 연애는 낭만적이지 않다. 연애는 비효율적일 때가 가장 행복하기 때문이다. 동거와 결혼은 같이 산다는 것만 같을 뿐 본질적인 차이가 있다. 결혼에는 둘 사이는 물론 사회적인 '책임감'과 '의무감'이 존재하지만, 동거에는 그것이 없거나 부족하다. 책임감은 일부 인정하면서도 막상 문제가 생기면 서로에게 무책임한 말과 행동을 하게 되는 것이 동거다.

어디서부터 잘못된 것이냐는 질문에 '어떤 시점'으로 답을 한다면, 그 잘못된 시점은 '동거'다. 남자친구의 행동을 보니 동거를 안 했어도 언젠가는 비슷한 일이 생겼을 테지만 동거로 인해 사랑의 배터리가 더 빨리 방전 된 건 맞다. 남자친구 입에서 "내 집에서 나가"와 같은 말이 나왔다면 당신은 이미 존중받지 못하고 있다는 뜻이고, 그 말을 듣고도 "어떡하지?"라며 계속 같이 살고 있으니 남자친구의 태도가 점점 나빠지고 있는 것이다. 연애의 '을'로 계속 동거하며 살 거라면 당신 선택이지만, 아니라면 정리하고 앞으로는 존중 받는 연애를 하길 바란다.

버릴 남자 Point!

사랑은 충전하지 못하는 배터리와 같고, 동거는 사랑의 배터리를 빠르게 방전시킨다.

1. 어떻게 포장을 하더라도 남자가 여자와 동거하면서 가장 기대하는 부분은 '효율적인 스킨십'이다. 동거에는 스킨십의 의무가 없다. 따라서 사랑이란 이름으로 원치 않는 스킨십을 강요한다면 아웃이다.

2. 행복한 연애를 하는 커플은 '같이 또 따로' 있을 줄 안다. 동거를 시작하는 커플들은 대부분 '같이 또 같이' 하기 위해 동거를 선택하지만 그런 마인드로 동거하는 것이 불행의 씨앗이다. 늘 '같이 또 같이' 하려고 하는 남자들은 외로움을 많이 타고, 집착이 강할 수 있어 주의가 필요하다.

3. 동거는 잠만 같이 자는 사이가 아니라 생활을 공유하는 관계다. 경제적인 부분은 물론 가사분담에 대한 공유도 함께 하는 것이 당연하다. 동거를 할 때는 남자의 책임감을 반드시 확인하는 것이 중요하며, 책임감이 없는 남자와는 행복한 미래도 없다.

4. 동거로 인해 효율적인 스킨십이 가능하게 되면 아이러니하게도 상대에 대한 존중감이 떨어지는 일이 자주 발생한다. '사랑은 충전하지 못하는 배터리'와 같아서 사용방법에 따라 수명이 달라진다. 30대에 결혼을 앞두고 하는 동거라면 모를까? 20대 동거 커플이 행복한 동거를 마치고 결혼까지 갈 확률은 오늘 길을 걷다가 5만원 지폐를 주울 정도의 확률이라고 보면 된다.

연애 TIP_ 사랑이 식은 남자들이 하는 말

"사랑의 유효기간은 30개월이다." 미국 코넬대학교 신시아 하잔 교수의 말이다. 만약 인간의 사랑이 식지 않고, 언제까지나 처음처럼 상대를 열정적으로 사랑한다면 과연 행복할까? 진화심리학적 관점에서 보면 연애 초반의 '열정적인 사랑'은 즐거운 만큼 비효율적이다. 비싼 밥을 먹고, 공연을 보고, 여행을 떠난다. 반드시 함께 할 필요가 없는 것들임에도 함께 있고 싶어서 많은 자원과 시간을 쓴다. 커플들이 느끼는 행복과 설렘이라는 감정은 단지 사랑만 해서 느끼는 감정이 아닌 많은 자원과 시간을 투자했기 때문에 얻어지는 '결과'라고도 볼 수 있다.

열정적인 사랑이 식지 않으면 어떤 일이 생길까? 노래 가사나 동화속 주인공처럼 오래오래 행복하게 살 수 있을까? 늘 처음처럼 상대를 사랑한다면, 우린 그 사람이 보고 싶고 함께 하고 싶어 정상적인 일상생활과 직장생활이 어려울지도 모른다. 상대에게 너무 집중하느라 아이를 잘 돌보지 못할 수도 있다. 그래서 열정적인 사랑을 하던 남녀가 이제 동반자적 사랑을 하는, 사랑이란 감정이 '정'이란 모습으로 바뀌는 것은 당연한 일이다. 어떤 커플들은 이런 현상을 '사랑이 식었다.'라고 표현하지만 정확히 말하면 처음 사랑에 빠졌을 때가 '미친 상태'이고, 사랑이 식었다고 말하는 때가 '제정신'으로 돌아온 것이다.

사랑이 식는 이유에 대해서 알아봤다면, 남자가 사랑이 식어갈 때, 정확히는 '제정신'으로 돌아가고 있을 때를 어떻게 하면 알 수 있을까? 남자 입에서 '이 말'이 나왔다면 이제 그 남자는 더 이상 연애 초반처럼 당신을 위해 하늘의 별도 따다 줄 수 있는 헌신적인 남자가 아니다.

"야, 나도 힘들어."

영국 런던 대학교 연구팀인 안드레아바르텔 교수는 "사람이 사랑에 빠졌을 때, 타인에 대해 비판적 사회평가를 내리는 기능과 연관된 뇌 신경조직이 억제된다."고 말했다. 이런 이유에서 사랑에 빠진 사람은 상대의 단점을 보지 못하게 된다고 한다. 또한 미국 러트거스뉴저지주립대학교의 헬렌 피셔 교수는 사랑에 빠진 사람의 뇌가 마치 마약을 했을 때와 비슷하다는 것을 발견했다.

이처럼 사랑에 빠지면 냉정한 판단을 하지 못하고, 계산기를 두드리지 못하게 된다. 여자들은 마치 마약이라도 한 것처럼 제정신을 못 차리고, 자신에게 열정적으로 다가오는 남자를 좋게 생각하는데, 이때 가장 큰 착각이 그 모습이 남자의 '본 모습'이라고 생각하는 것이다. 자신을 위해 시간과 노력을 아끼지 않던 남자가 어느 날 갑자기 "야, 나도 힘들어."와 같은 말을 한다면 이제 그 남자가 제정신을 차렸다고 보면 된다.

제정신을 차린 남자는 이제 '효율적인 연애'를 하려고 할 것이다.

이 남자가

날 정말

좋아하는 걸까?

Part 2

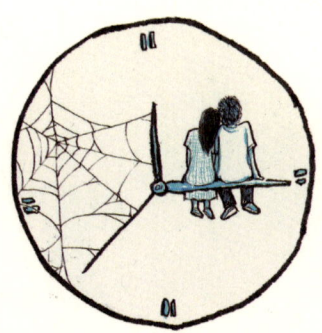

 술

바람둥이 구별 법

Q. 회사 지인이 해준 소개팅으로 남자를 만났어요. 첫 소개팅 자리에서 말도 잘 통하는 것 같고 재밌었어요. 보통 잘났으면 자기 자랑을 많이 하는데, 이 남자는 상대 이야기도 잘 들어주더라고요. 5시쯤 만나서 커피 마시고, 밥 먹고 대화하다보니 8시 정도 됐고, 주말인데 헤어지기 아쉽다며 이야기를 좀 더 하고 싶다고 해서 술을 한 잔 마시러 갔어요. 보통 맥주나 와인 마시러 가는데 이 남자는 위스키를 한 잔 하고 싶다며 웨스턴 바로 가자고 하더라고요. 캐주얼한 분위기까지는 좋았는데 사실 전 술을 잘 못 마시거든요. 특히 위스키는 진짜 못 마시는데 무슨 에너지 음료 같은 거랑 섞어 마시면 괜찮다며 조금 권하더라고요. 그래서 분위기 맞춰주느라 거절하지 못하고 몇 잔 마셨는데 확 취했어요. 분위기는 첫 날부터 약간 썸타는 느낌. 그리고 집에 가려는데 괜찮다고 해도 취했으니까 집까지 바래다주겠다고 하더라고요. 자기도 취했

으면서요. 집 근처까지 바래다주고, 고맙다고 하면서 다음에 보자고 하는데 제 손을 잡더니 뽀뽀를 하더라고요. 그리고는 웃으면서 집에 갔어요. 기분이 묘하더라고요. 한편으로는 〈날 좋아하나?〉 하면서 기분이 좋다가도, 친구에게 말하니까 바람둥이라고 조심하라고 해요. 보고 싶다고 연락이 오는데 만나 봐도 괜찮을까요?

A. 누군가 날 좋아한다는 건 기분 좋은 일이다

그것도 소개팅에서 만난 '잘난 남자'가 상대라면 더더욱 그렇다. 이런 남자가 바람둥이인지 아닌지 판단하려면 두 가지만 보면 된다. 첫 번째는 술. 남자가 첫 만남에 술을 마시자고 하는 건 바람둥이는 아니다. 여자들이 커피를 마시면서 대화를 하듯, 남자들은 술을 마시면서 대화를 즐긴다. 술을 한 잔 하자고 하는 건 괜찮지만, 상대에게 억지로 마시게 하는 건 '문제'다. 남자가 여자를 취하게 하려는 건 나쁜 의도가 있을 확률이 높기 때문이다.

두 번째는 스킨십. 영국 런던대학교와 워릭대학교 연구진의 연구에 따르면 스킨십 진도를 오래 끄는 여성일수록 좋은 남자를 만날 가능성이 높다고 한다. 워릭대학교 의대 피터 소주 박사는 "겉모습만으로는 남자의 성격을 충분히 알 수 없기 때문에 나쁜 남자를 걸러내려면 잠자리를 최대한 미루면서도 관계를 지속할 수 있는지 확인해야 좋은 남자를 만날 확률이 높아진다."고 말했다. 런던대학교 로버트 시모어 교수 또한 "나쁜 남자는 성행위 없는 데이트를 계속하지 않는 경향이 있으므로,

일찍 잠자리를 허용하는 여자는 나쁜 남자를 고를 확률이 높아진다."라고 말했다. 대부분의 바람둥이들은 스킨십 타이밍이 빠르고 과감한 편이다. 보통 초반에 스킨십 타이밍이 빠른 '괜찮은 남자'를 만났을 때 여자들이 당황하면서도 기분이 나쁘지는 않은데, 이때 여자들이 고민해야 할 부분은 '이 남자가 날 정말 좋아하는 걸까?'가 아니다. 이럴 때는

"이 남자가 이런 행동을 나에게만 했을까?"

남자와의 첫 만남에 빠른 스킨십이 들어온다면, 진심일까 아닐까 따위는 중요하지 않다. 과연 이런 행동을 나에게만 했을까? 이 고민을 먼저 해야 한다. 당신도 그 남자를 진지하게 보는 것이 아니라면 선택은 자유지만, 그와 진짜 연애를 하고 싶다면 한 번 더 생각해 봐야 한다. 남자로서 말하지만 처음 만난 여자에게 스킨십을 하는 것은 상대가 좋아서 충동적으로 하는 것이 아니다. 이는 용기를 가장한 습관이며, 꾼의 경험과 계획에서 나오는 것이다.

버릴 남자 Point!

첫 만남에 스킨십을 하는 남자를 볼 때 중요한 건 '진심'인가 아닌가가 아니다. '그 남자가 이런 행동을 나에게만 했을까?' 이것이 가장 중요하다.

1. 처음 만난 여자에게 스킨십을 시도하는 건 너무 좋아서 충동적으로 하기에는 위험부담이 아주 큰 행동이다. 그 정도의 행동은 너무 좋아서 충동적으로 용기를 낸 것이 아니라 '습관'이다.

2. 남자가 술을 한 잔 하자고 하는 건 OK, 그러나 술자리에서 이런 저런 이유로 여자에게 술을 마시라고 강하게 권하는 건 아웃이다. 어떤 남자들은 자신은 아무 의도 없이 순수하게 술을 함께 마시고 싶어 권했다고 하기도 한다. 그러나 연애상담을 하다보면 멀쩡했던 남자가 술에 취하고 여자도 술에 취하니 사람이 변했다는 이야기를 많이 듣는다. 술에 취해서 잠시 변한 것이 아니라 술에 취한 모습이 그 남자의 본 모습이다.

3. "남자는 겉모습만으로 성격을 충분히 알 수 없기 때문에 잠자리를 최대한 미루면서도 관계를 지속할 수 있는지 확인해야 좋은 남자를 만날 확률이 높아진다." 워릭대학교 의대 피터 소주 박사의 말과 "나쁜 남자는 성행위 없는 데이트를 계속하지 않는 경향이 있으므로, 일찍 잠자리를 허용하는 여자는 나쁜 남자를 고를 확률이 높아진다."는 런던대학교 로버트 시모어 교수의 말은 3번 읽어 볼 가치가 있다.

12 구 남자친구

결혼 준비 중인데 연락 온 구 남자친구

Q. 저는 3개월 후에 결혼하는 예비 신부에요. 과거 연애 사연은 생략하고 최근에 지금 남자친구 이전에 사귀었던 남자에게 연락이 왔어요. 제가 SNS에 웨딩촬영 사진을 올렸더니 그걸 보고 연락이 왔더군요. 참고로 제가 많이 좋아했는데 절 버리고 다른 여자에게 갔던 남자에요. 고백하면 지금 결혼하려는 남자는 전 남자친구를 잊기 위해 빠르게 만났고, 전 남자친구 때처럼 사랑했던 것은 아니지만, 괜찮은 사람이고 정이 들어서 만난 지 7개월 만에 결혼 날짜까지 잡게 됐죠. 이미 상견례도 끝나고 웨딩 사진도 찍고, 결혼식장 예약까지 다 끝났어요.

제가 잡을 때는 다른 여자에게 가더니 이제 와서 미안하다고, 자기가 잘못했다고 하면서 '네가 행복하길 바라지만 다시 한 번만 더 기회를 준다면 정말 잘 하겠다'고 합니다. 너무 화가 나고 괘씸해서 다시 연락하지 말라고 했는데 솔직히 보고 싶어요. 지금 결혼은 어쩌면 결혼을 위한 결혼일수도 있겠다는 생각도 들고요. 저 바보 같고 나쁘죠?

A. 바보 같다. 그리고 참 나쁘다

지금 남자친구에게는 나쁘고, 구 남자친구에게는 정말 바보 같다. 여자들은 왜 이리 자기에게 못되게 군 나쁜 남자를 잊지 못할까? 어딜 봐도 지금 당신 옆에 있는 그 남자가 훨씬 더 자상하고 괜찮은 남자인 게 뻔한데 말이다.

솔직히 나는 "예쁜 웨딩드레스 입고 가던 길 잘 가라"고 말하고 싶다. 구 남자친구가 죽을 병 이라도 걸려서 어쩔 수 없이 이별했는데, 병이 완치돼 연락이 온 거라면 모를까? 자기 사랑한다는 여자 버리고 다른 여자에게 갔다가 갑자기 연락 와서는 "네가 행복하길 바라지만 다시 한 번 기회를 준다면?" 이런 이기적인 말로 사람 마음을 흔드는 남자와는 다시 엮여봐야 또 똑같이 버림당할 것이 뻔하다.

백번 양보해서, 만약 구 남자친구가 찾아와서 무릎 꿇고 빌고 매달렸다고 해도 말렸을 상황인데, 예식장까지 잡아놓은 여자에게 SNS로 연락해서 다시 돌아오면 잘해주겠다고? 솔직히 말하면 이 남자는 지금도 당신을 만만하게 보고 있다. 자기가 손만 뻗으면 당신을 잡을 수 있다고 생각하는 것이 메시지에서 느껴지는 듯 하다. 당신은 구 남자친구에게 상처받았던 기억 때문에 더 애틋 할거다. 사람은 원래 원했던 것을 가지지 못했을 때 더 기억에 오래 남는 법이니까.

행여라도 당신이 모든 걸 다 포기하고, 지금 남자친구에게 진짜 나쁜 X가 되면서까지 그 남자를 만나서 정말 행복해 질 수 있다면 그러라고 하겠지만, 전 남자친구는 당신을 사랑해서 붙잡는 것이 아니다. 자기 좋다고 매달리던 여자가 다른 남자와 결혼 할 거 같으니까 자기 것 빼앗기는 것 같이 느껴져서 그러는 것일 뿐. 구 남자친구와의 러브스토리는 추억으로 간직하는 정도가 딱 좋다. 이전에는 차였지만 결국에는 당신이 찬 거라고 정신승리 정도 하면서 말이다.

그럼에도 불구하고 마치 '로미오와 줄리엣'이라도 된 것처럼 느껴져서 파혼하고 당신이 구 남자친구에게 간다면 어쩔 수 없다. 그런데 그 끝은 나도 알고 당신도 어느 정도는 알고 있을 거다.

버릴 남자 Point!

이별하고 다시 만나는 커플은 같은 이유로 또 헤어진다. 나 버리고 다른 여자에게 갔던 남자를 받아준다면 당신은 또 다시 정거장이 될 것이다.

13 유흥업소

바람일까? 아닐까?

Q. 남자친구가 지방에 취직을 해서 롱디(장거리 연애) 한 지 10개월 정도 됐어요. 워낙 범생이 스타일이라 가까이 연애할 때도 롱디를 할 때도 변함이 없었고, 오히려 저희는 매일 보다가 일주일에 한 번씩 보니까 더 애틋하고 좋아지더라고요. 그런데 지난주에 다퉜어요. 남자친구가 회식 중에 선배들에게 끌려서 여자들 나오는 술집을 갔다고 자백(?) 하더라고요. 자기는 정말 어쩔 수 없이 끌려간 거라 아무 일도 없었고, 노래방처럼 노래만 부르고 나왔다고 하더라고요. 자백까지 한 마당에 끌려갔다고 하니 열은 받았지만 행동 똑바로 하라고 화내다가 넘어갔어요. 앞으로는 이직을 하는 한이 있더라도 절대 그런 곳 가지 않겠다며 미안하다고 했어요.
그런데 친구들에게 남자친구 이야기를 했다가 충격적인 이야기를 들었어요. 남자 문화를 잘 아는 친구가 여자들 나오는 술집 문화를 자세하게 말해주는데 더러워서 못 들을 정도였어요. 남자친구에게 바로 전화해서 정말인지 따졌는데 남자친구는 그런 곳도 아니었고, 자기는 정말 혼자 앉아서 맥주 마시고 노래만 부르다가 먼저 나왔다고 하는데 믿질 못하겠어요. 남자들은 회식하면 그런 곳을 자주 가나요? 이것도 바람 아닌가요? 앞으로 또 가면 어떡하죠? 제가 너무 민감한 건가요?

A. 질문에 대한 답을 하자면

남자들은 회식하면 그런 곳을 자주 가나요? 솔직히 안 가는 것이 아니라 못 가는 거다. 그런 곳은 술값이 꽤 비싸다. 연봉 4천 만 원 정도 받는 남자가 하루 일당을 다 털어서 써도 못 갈 정도다. 만약 친구들끼리 그런 곳을 가거나, 자기 돈 내고 간다면 자주 가봤다는 뜻이다. 못 고치니까 감당할 수 없다면 알아서 잘 판단하는 게 정신 건강에 좋다. 물론 당신의 경우는 '회사', '선배', '강요', '자백' 등 고민 할 요소가 몇 가지 있다.

이것도 바람 아닌가요? 남자들은 몸과 마음이 애니메이션 '마징가Z'의 주먹처럼 분리가 가능해서, 유흥업소에 가도 몸은 움직였지만, 마음을 주지 않으면 바람이 아니라고 소심하게 주장하기도 한다. 하지만 그건 남자들의 변명이고, 여자 입장에서 보면 100% 바람이 맞다. 도둑이 자기가 훔친 것이 잘못인지 아닌지를 판단하지 않듯이, 남자친구 또는 남편의 유흥업소 출입이 바람인지 아닌지 역시 여자친구 또는 아내가 판단하는 것이 맞다.

앞으로 또 가면 어떡하죠? 남자 문화를 잘 안다는 친구가 무슨 말을 해 줬는지는 몰라도 유흥업소도 한 종류가 아니다. '배스킨라빈스31' 아이스크림 종류 보다 훨씬 다양하다. 그래서 그 곳이 친구가 말한 그 곳이 아닐 수도 있다. 물론 그런 사실을 감안하더라도 여자가 술을 따라주는 곳이 애버랜드(테마파크)를 간 것처럼 SNS에 자랑할 만한 곳이 아닌 건 맞다. 남자친구도 그걸 알아서 당신에게 '자백'을 한 것일 테고. 남자 입장에서 솔직히 말하면 사회생활 때문에 어쩔 수 없이 간다고 변명하는 경우도 피할 수 없는 일부 직군을 제외하곤 거의 핑계인 경우가 많다.

마지막으로 당신이 예민한 거 아니다. 내가 여자라도 당장 이별하자고 했을 것이다. 고칠 수 있는 남자와 아닌 남자의 가장 큰 차이는 부끄러움을 알고 개선의 의지를 갖고 있는가이다. 부끄러움을 알고 개선의 의지가 있어도 안 바뀌는 경우가 많기에, 이런 것들조차 없다면 말할 필요도 없다. 당신 남자친구는 이 2가지를 갖고 있는 것 같기에 불행 중 다행이다.

버릴 남자 Point

잘못된 행동임을 이해하고, 바뀔 의지를 갖고 있어도 고치기 힘들다. 하물며 이 2가지가 없다면 그냥 포기하기를 권한다.

1. 유흥업소는 한 번도 안 가본 남자는 있지만, 한 번만 가본 남자는 없다.

2. 2013년 기준으로 전국 성매매 업소 알선업체 추정치는 약 4만 4804개소. 전국 CU 편의점과 GS25를 모두 합친 숫자보다 2배 이상 많고, 전국의 스타벅스, 투썸플레이스, 이디야 커피 전문점을 모두 합친 것보다 10배 이상 많은 수치다. 심지어 코로나19가 한참이던 2020년 6월 10일부터 9월 10일까지 3개월간 전국 3만 8000개 유흥 및 단란주점을 이용한 사람이 연인원 561만 명이라고 한다. 이 수치는 헌팅포차와 감성주점(127만 명), 콜라텍과 노래방(120만 명)보다 4배 이상 높은 수치다.

3. 김한규 변호사는 "유부남이 유흥업소에 출입해 유흥업소 종업원과 소위 2차로 불리는 성매매를 한 경우 성매매 처벌법에 해당이 된다."라고 말했고, 강동우 성의학 연구소의 강동우 박사는 남자의 40.5%가 성매매는 외도가 아니라고 응답했다는 내용을 포함한 한국판 킨제이 보고서를 통해 "성매매와 외도를 헷갈리는 사람들은 대부분 남자"라며, "성매매는 명백히 외도로, 성매매에 대한 인식 변화가 시급하다."고 말했다.

14 돈

돈 빌려달라는 남자친구

Q. 저는 30살, 남자친구는 저보다 3살 연하인 27살이고요. 사귄지는 12개월 정도 됐어요. 저는 직장생활을 하고 있고, 남자친구는 당시 취업준비 중이라 생활이 좀 어려웠어요. 일하다가 알게 됐는데 사람이 괜찮아서 이야기 하다가 정들었고 사귀게 됐어요. 등록금도 학자금 대출로 냈고, 생활비도 빌려 주는 곳이 있어서 그걸로 감당했다고 하더라고요. 그래서 데이트 비용을 제가 더 많이 냈어요.

사귄 지 5개월 쯤 됐을 때 남자친구 집에 문제가 생겼고, 돈 문제 때문에 힘들어하다 저에게 혹시 빌려줄 수 있냐고 하더라고요. 400만 원을 처음으로 빌려줬어요. 고맙다고 취직하면 제일 먼저 갚겠다고 해서 알았다고 했죠. 그리고 2개월 정도 지나서 미안하다며 마지막으로 300만 원만 더 빌려줄 수 있냐고 해서 진짜 마지막이라고 하고 빌려줬어요. 그리고 남자친구가 3개월 전쯤에 취직을 했어요.

제가 취직한 것처럼 기뻤어요. 빌려준 돈을 받는 것도 받는 것이지만, 사실 다른 친구들은 남자친구와 여행도 가고, 좋은 레스토랑도 가는데 저는 직장생활을 하면서도 남자친구 기 죽을까봐 늘 가난한 학생처럼 연애를 했거든요. 그래서 이제는 남들처럼 연애를 할 수 있겠다고 했는데 남자친구는 여러 곳에서 돈을 빌렸다며 일단 그거 먼저 해결하고 돈을 준다며 아직 갚지를 않고 있어요. 심지어 지난달에는 대출 문제로 다른 걸 막아야 한다면서, 300만 원 만 더 빌려달라는 걸 제가 현금이 없어서 못 빌려줬어요. 지금도 데이트 할 때 여전히 제가 돈을 더 많이 내고요. 이건 뭔가 잘못된 거 맞죠?

A. 무언가 단단히 잘못된 거 맞다

좋아하는 사람을 만날 때, 왼쪽 뺨에 뾰루지가 생기면 오른쪽 얼굴만 보여주고 싶은 것이 사람 마음이다. 남자는 좋아하는 여자 앞에서는 약해도 강한 척하고 싶고, 없어도 있는 척 허세를 부리고 싶다.

누울 자리를 보고 다리를 뻗는 게 남자다. 아마 처음부터 돈을 빌릴 마음까지는 없었을 거라고 믿고 싶다. 자신의 어려운 상황을 알면서도 받아주고, 데이트 비용까지 더 많이 내면서도 자기를 좋아해주는 누나가 고맙고 좋았을 것이다. 자기를 아껴주고 보살펴주는 누나(여자친구)에게 조금 기대고 싶어졌을 것이다. 여기까지는 그럴 수 있고 이해할 수 있다.

그런데 언제부터인가 돈을 빌려달라고 한다. 27살에 400만 원이면 보통 한 달 월급보다 많은 금액이다. 그 돈을 빌려달라고 말하고, 여자친구는 또 돈을 빌려 준다. 이때 남자친구는 그 여자가 '호구'라는 사실을 깨달았다. 그리고 그때부터 가난했지만 성실했던 남자친구는 사라 진 거다. 여자 입장에서는 가난하지만 성실한 남자친구였다고 생각하지만 애초에 좋은 남자는 아니었던 것이다.

그런 남자와 잘 만나고 먼 미래를 함께 하고 싶다면 빌려준 돈을 받고 그 과정에서 나오는 남자의 태도를 잘 봐야한다. 돈 700만 원도 중요하지만, 하나를 보면 열을 안다고 연애 중에 벌써 이런 문제가 생긴다면 미래는 더 볼 필요도 없기 때문이다.

버릴 남자 Point!

좋아하는 사람에게는 멋져 보이고 싶다. 자신이 최고로 잘 보이고 싶은 상대에게 가장 안 좋은 모습인 '돈'을 빌려 달라고 하는 것 자체가 문제의 시작이다.

1. 곧 취직해서 갚을 생각이었다면, 나라면 400만 원 정도는 카카오뱅크 등을 통해 빌렸을 거다. 사랑하는 여자친구에게 나의 가난한 모습, 약한 모습을 보이느니 이자 조금 내더라도 말이다.

2. 물론 여자친구에게 돈을 빌릴 수 있다. 그러나 취직을 해서 돈이 생겼다면 제일 먼저 갚았을 거다. 처음에는 돈이 없었던 거지만, 지금은 갚을 마음이 없는 것이다.

3. 좋게 말하면 자신의 상황을 알고도 모든 것을 이해해주고 받아주는 여자친구에게 의지하는 것이고, 나쁘게 말하면 본인도 모르게 그 상황에 적응하여 여자친구를 이용하게 된 것이다. 호의가 계속되면 권리인줄 안다고. 처음부터 나쁜 마음을 먹었던 것이 아니었음에도 쉽게 돈이 생기니 사람 마음이 바뀐 것이다. 남자친구에게 더 이상 돈을 빌려주지 말고, 빌려준 돈을 갚는 과정을 살펴봐야 한다. 이 과정에서 문제가 발생한다면 더 이상 연애 초반의 그 착한 남자친구는 더 이상 없다고 보면 된다.

15 스킨십

속궁합이 안 맞아요

Q. 남자친구가 스킨십을 너무 못해요. 착하고 공부만 하느라 연애를 많이 못 해본 건 알겠는데 나이 30살 가까이 되도록 뭘 했는지 제가 이런 것까지 가르쳐야 하나? 싶을 정도로 몰라요. 심지어 키스를 하는데 손을 어디에 둬야 할지 몰라서 팔짱을 끼고 키스를 하더라고요. 배려해주는 건 좋은데 처음 여행가서도 제가 먼저 스킨십을 했어요. 제가 맞춰주느라 조금 흥분한 척 하면 자기가 먼저 흥분해서 끝나버려요. 사실 조건은 매우 좋은 남자고, 성실하고 다 좋은데 속궁합이랄까? 너무 안 맞아요. 커플 사이에 이거 엄청 중요한 거잖아요? 저는 중요해서 이별까지 생각하는데 제가 너무 밝히는 건가요?

A. 속궁합은 중요하다

사랑이란 정서적인 사랑의 앞바퀴와 육체적인 사랑의 뒷바퀴가 있어야 굴러가는 자동차와 같다. 이 두 바퀴 중 하나라도 크기가 맞지 않으면 덜컹 거리 듯, 왜 고민을 하는지 충분히 이해가 된다. 그러나 관점을 조금만 다르게 바라보자.

나이 30살 가까이라면 아직 서른도 안 됐다는 말인데, 그 만큼 남자 조건이 좋다는 건 집안이 좋거나 능력이 꽤나 있다는 말이다. 이런 남자가 스킨십 할 때 팔짱을 낄 정도로 경험이 부족하고, 배려심이 있다면 이건 단점이 아니라 장점이라고 볼 수도 있다. 만약 젊고 조건까지 좋은 남자가 여자의 마음을 잘 이해하고 스킨십도 능숙하게 한다면 과연 행복하기만 할까? 혹시나 완벽한 이 남자가 나에게 만족을 못하고 떠나게 될까 불안하진 않을까? 또 다른 여자들이 내 남자친구를 유혹할까봐 걱정되진 않을까?

'연애계'(연예계 아님)에도 생태계처럼 '먹이사슬'이 존재한다. 예쁜 여자보다 조건 좋고 능력 있는 남자들이 더 '꼴 값'을 한다. 만약 남자친구가 그 정도로 조건이 좋은데도 공부만 하느라 경험이 없고 착하고 여자친구만 바라본다면 나는 오히려 횡재한 거라고 생각한다. 마치 을왕리 해수욕장 해변을 걷다가 '용연향'(수컷 향유고래의 똥, 고급 향수의 재료로 쓰여 바다의 황금으로 불린다)을 주운 것과 같다고나 할까?

남자의 스킨십은 '성기'가 아니라 '뇌'로 한다. 주눅 들지 않고 뇌가 편하게 흥분을 할 수 있어야 온 몸의 피가 '소중이'(?)에게로 몰려가서 '텐트'(?)를 친다. 남자의 스킨십에 자신감이 중요한 이유다. 스스로 잘한다고 생각해야 자신감을 갖고 더 잘하게 된다는 말씀. 당장은 조금 만족하지 못할 수 있지만 신체 건강하고 문제가 없다면 조금만 '우쭈쭈' 해주면 나날이 일취월장해서 청출어람 할 거라 믿는다.

배려심이 없는 남자를 배려심 갖게 만드는 건 어려워도, 배려심이 많은 남자는 상대가 원하면 스킬적인 부분에서는 상대에게 맞추면서 배우게 된다. 남자들이 가장 관심 있어 하고 의욕적으로 배우는 것 중 하나가 바로 스킨십이기 때문이다.

조건 나쁜 남자를 조건 좋게 만들 수 없고, 성격 나쁜 남자를 착하게 바꿀 수 없다. 반대로 남자의 성적 문제는 신체에 치명적 문제나 성 정체성의 문제만 없다면 노력이 들 순 있겠지만 학습도, 업그레이드도 가능하다. 속궁합이 중요한 건 맞지만 정말 중요한 것이 무엇인지 현명하게 판단하길 바란다.

조건 완벽하고 인물까지 좋은데 스킨십까지 완벽하게 하는 남자는 세상에 '그레이'(영화 〈그레이의 50가지 그림자〉의 주인공으로 여자친구에게 채찍질을 하는 가학적 변태성욕자)밖에 없다.

버릴 남자 Point!

사람들이 흔히 말하는 '속궁합'은 중요하다. 다만 신체적으로 아무 문제가 없고, 아직 경험이 부족해서 그렇다면, 그리고 다른 외부 조건들은 너무 좋다면 개선 될 가능성이 있다.

1. 남자들이 가장 열정적으로 빨리 배우는 것 중 하나가 바로 스킨십이다. 지나친 남자를 적당하게 만드는 것은 어렵지만, 의지는 있으나 부족한 남자를 능숙하게 만드는 것은 돈과 시간이 들 순 있지만 가능하다.

2. 공부를 잘해서 능력이 좋지만, 아직 여자 경험이 없는 순수한 남자. 긍정적으로 바라보면 이는 다이아몬드 원석과 같다. 남자의 체력과 건강은 경제력에 비례한다. 조건 좋은 남자가 운동도 하고 좋은 것도 먹고 할 확률이 높다.

3. 그 남자를 둘러싼 외부 조건이 매우 좋고, 성실한데 여자와의 스킨십까지 완벽하게 하는 그런 남자는 '그레이' 밖에 없다. 이별은 개선책을 찾아본 후 그럼에도 마음에 들지 않으면 그때 고민해도 충분히 늦지 않다.

연애 TIP_ 연애계 먹이피라미드

"남자는 예쁜 여자를 좋아하고, 여자는 능력 있는 남자와 만나길 원한다." 결혼정보업계에서는 정설로 통하는 말이다. 만약 예쁜 여자와 능력 있는 남자가 있다면 누가 더 상대에게 영향력을 발휘할까?

생태계에는 먹이피라미드가 있다. 생산자인 풀을 1차 소비자인 메뚜기가 먹고, 2차 소비자인 참새가 메뚜기를 먹는다. 그리고 마지막 3차 소비자인 참매가 참새를 잡아먹는다. 개체수가 많을수록 피라미드의 하부에 속하고, 힘이 강해 잡아먹는 종일수록 개체수가 적고 피라미드의 상부에 존재한다.

연애계에도 먹이피라미드가 존재한다. 먼저 생산자는 '일반 남자'다. 그리고 이런 '일반 남자'를 1차 소비자인 '일반 여자'가 만난다. 그렇다면 연애계 먹이피라미드에서 최상위층인 '3차 소비자'는 누구일까? 예쁜 여자일까? 능력 있는 남자일까? 답은 2차 소비자가 '예쁜 여자', 3차 소비자가 '능력 있는 남자'다. 비유하자면 소유진처럼 예쁜 여자도 흔치 않지만, 백종원처럼 능력 있는 남자는 더 보기 힘든 것과 같다.

수요와 공급 측면으로 이해하면 쉬울 수도 있다. 일반 남자가 생산자이고, 일반 여자가 그보다 우위인 1차 소비자인 이유는 간단하다. 여자를 만나려고 노력하는 남자가, 남자를 만나려고 노력하는 여자보다 훨씬 많기 때문이다. 요즘 많이 쓴다는 데이팅 어플만 가입해도 이런 사실을 쉽게 알 수 있다. 2차 소비자인 예쁜 여자는 과거보다 희소성이 약해졌다. 화장기술과 의학의 발전 등으로 인해 과거에 비해 예쁜 여성들이 늘어났기 때문이다. 반면 능력 있는 남자는 예전이나 지금이나 여전히 희소하다. 오히려 자본주의가 심화 되고, 빈부격차가 더 커지면서 능력 있는 남성들의 희소성과 가치는 더 올라갔다. 능력 있는 남자가 3차 소비자가 된 이유다.

조건 좋은 한 남성이 미팅을 했다. 여성과 1층 카페에서 만나기로 약속을 했고 약속 장소에 도착했다. 그런데 남성은 카페로 들어가지 않고 문밖에서 여성에게 전화를 먼저 걸었다. 그리고는 전화를 받은 여성의 얼굴을 확인하고 나서 회사에 급한 일이 생겼다며 둘러대곤 약속을 펑크 냈다.

남자들이 예쁜 여자를 좋아해서 예쁜 여자들이 '얼굴 값'을 하듯, 여자들이 남자의 능력을 그토록 보기에 능력 있는 남자들이 이토록 '꼴 값'을 할 수 있다.

16 가짜 오르가즘

지나친 배려

Q. 남자친구와 벌써 1년 2개월 째 만나고 있는데요. 남자친구가 절 아끼고 사랑하는 건 알겠는데 함께 잠을 자면서 단 한 번도 오르가즘을 느껴 본 적이 없어요. 제 친구들은 자주 느낀다고 하는데 저도 느껴보고 싶은데 제 맘처럼 안돼요. 남자친구가 실망할까봐 매번 연기를 해왔는데 이제 그것도 너무 힘들어요. 혹시 남자친구가 제 연기를 눈치를 채고 실망하는 건 아닐까? 우리 관계가 나빠지면 어떻게 하지? 우리가 정말로 안 맞는 건 아닐까? 별 생각이 다 들어요. 남자친구에게 솔직히 이야기 하는 것이 좋을까요?

A. 여자들이 오르가즘을 연기하는 이유

솔직히 남자들은 자신의 사정도 중요하지만, 파트너의 만족을 통해 자신감을 확인한다. "(나) 좋았어."라고 말하는 남자보다 "(너) 좋았어?"라고 확인하는 남자들이 훨씬 많은 이유다. 그래서인지 상담을 하다보면 실제로는 부족한 남자를 스스로 '대단하다'고 느끼게 해주고 싶어서 가짜 오르가즘을 연기하는 여자들이 의외로 많다.

영화 〈해리가 샐리를 만났을 때〉에 나오는 샐리의 '가짜 오르가즘' 연기처럼, 여자가 마음먹고 연기를 하면 남자가 눈치 챌 가능성은 거의 없다. 1년 2개월 동안 만나면서 아무런 문제가 없었다는 것이 그 증거니까 들킬 걱정은 안 해도 된다.

만약 '자위'를 통해 혼자 오르가즘에 도달할 수 있다면 이는 감각의 문제가 아니라 방법의 문제이기 때문에 긍정적으로 볼 수 있다. 사실 커플이 관계를 가지면서 꼭 오르가즘에 도달해야만 하는 건 아니다. 만약 주변에 '잠만 자면 100% 오르가즘에 도달하는 여자가 있다'고 하면 그건 거짓말일 확률이 높다. 관계를 가질 때마다 처음 만난 사이처럼 흥분할 필요도 없고, 매번 폭풍 같은 오르가즘을 느끼지 않는다고 해서 서로가 부족한 것도 아니다. 한 가지 확실한 건 오르가즘이 남자를 위한 선물이 아니라 당신 자신을 위한 선물이라는 것이다. 오히려 남자친구를 위해서 연기를 해야 한다는 압박감 때문에 스스로가 즐겁지 못하다면 지나친 배려를 하고 있는 것이다.

더 좋은 관계로 발전하기 위해 솔직하게 당신의 상황을 고백하는 것에 대해서는 찬성이다. 자기 몸은 자신이 가장 잘 알고, 같은 여성일지라도 느끼는 포인트가 차이가 나기 때이다. 분위기가 좋은 어느 날, 당신이 어떻게 해야 오르가즘에 도달할 수 있는지 설명해준다면 당신을 사랑하는 남자친구도 좋아 할 것이다. 또한 거짓 오르가즘 압박에서 벗어나야 스스로도 진정 즐거울 수 있다.

만약 서로 이해하고 노력했음에도 여전히 가짜 오르가즘을 연기해야 한다면 이별은 그때 고민하면 된다. '속궁합이 안 맞는다'라는 말은 이럴 때 쓰는 표현이다. 정신적인 사랑도 육체적인 사랑을 통해 더 깊어지기 때문에 둘 사이에는 균형이 필요하다. 두 가지 중 하나가 맞지 않아서 이별을 택한다면 이는 당신 자유다.

남자 심리 Point

남자는 내가 만족하는 것보다 파트너의 만족을 통해 더 큰 만족감을 얻는다.

1. 대부분의 남자들이 파트너와의 관계 후 그녀가 좋았는지를 궁금해 하는 이유다.

2. 2009년 한 비뇨기과의 보도자료에 따르면 대한민국 남성의 평균은 흥분 상태에서 그 길이가 약 12cm, 굵기는 지름 약 3.5~4cm 라고 한다. 실망일 수 있지만 그나마 이것이 그 중 큰 결과다. 다른 조사에서는 11.2cm였다.

3. 남자들의 관심은 오직 크기와 지속 가능 시간뿐이다. 남자들은 흔히 '대물'만이 최고라고 생각하여 수술을 받기도 하지만, 의학적으로 수술이 필요한 사이즈는 4cm 미만인 경우다. 실제 성생활에 있어 여성의 성적 흥분을 담당하는 곳은 깊은 곳에 있지 않고 평범한 남성들도 얼마든지 다다를 수 있는 곳에 있다. 따라서 '꽈리고추'만 아니라면 '풋고추'여도 아무 문제가 없다.

4. 여자들은 작은 사이즈 보다 '비 매너'에 불만이 큰 경우가 많지만, 남자들은 파트너가 만족하지 못하는 것을 '죄 없는 고추'에게 돌리는 경우가 많다. 네덜란드의 성의학 전문가 홀스테헤 박사는 20분 정도의 준비단계와 15분 정도 사랑을 나눈다면 여성의 98%는 오르가즘에 도달할 수 있다고 말했다.

연애 TIP_ 질리지 않는 여자가 되는 법

"코치님 남자친구가 저한테 안 질리고 저만 사랑했으면 좋겠어요. 남자친구가 저만 사랑하게 만드는 방법 좀 알려주세요." 어느 날 이런 질문을 하는 그녀에게 이렇게 말했다.

'남자에게 사랑 받는 여자가 되고 싶다.'고 생각하는 순간부터 매력이 없는 여자가 된다. 질리지 않는 여자가 되고 싶다면 아이러니하게도 그 남자에게 사랑받으려고 애써 노력하지 않아야 한다. 남자에게 잘 보이려고 노력하기보다 자기 자신을 아끼고, 자신을 위해 노력하는 것이 질리지 않는 여자가 되는 법이다.

헬스클럽에서 러닝머신을 뛰고 있는데, 한 여성이 스마트 폰을 들고 내 옆에 있는 러닝머신 위로 올라왔다. 한 3분쯤 뛰었을까? 그녀의 전화기가 울렸다. 바로 옆에서 통화를 했기에 본의 아니게 통화내용을 듣게 됐다. 남친인지 썸남인지 모르겠지만, 남자가 말도 없이 헬스클럽 앞으로 찾아온 것이었다. "아이 말도 없이 찾아오면 어떻게 해?"라며 흐뭇하게 미소 짓던 그녀는 전화를 끊자마자 옷을 갈아입고 밖으로 나갔는데, 그때 뛰어나가는 그녀의 뒷모습을 보며 나는 속으로 이렇게 말했다.

"넌 조만간 차이겠다."

만약 내가 그녀였다면, 썸남이 연락도 없이 헬스클럽 앞으로 찾아왔다면 나는 바로 뛰어나가지 않았을 것이다. 나였다면 "아이 말도 없이 찾아오면 어떻게 해? 나 정말 지금 막 러닝머신 올라왔는데, 그 앞에 커피숍 보이지? 거기서 커피 한 잔 마시고 있어. 이왕 왔으니까 딱 15분만 뛰고 갈게. 잠깐만 기다려. 빨리 갈게."라고 말하고 한 30분 정도 러닝머신을 뛰고 나갔을 것이다. 말도 없이 찾아온 남자라면 나에게 마음이 있다는 뜻이고, 그런 남자는 30분 정도 날 기다려도 도망가지 않는다. 아니 오히려 자기관리를 위해 열심히 운동하는 여자를 더 멋지게 생각할 것이다.

사람이 무언가에 질리는 이유는 그것을 '소유'했기 때문이다. 그래서 제 아무리 예쁘고 몸매 좋은 여자일지라도 "난 오빠 꺼야"라고 말하는 여자는 매력이 없고, 곧 질리게 된다. 갖지 못하면 질리지도 않는다. 남자에게 사랑받으려고 노력 하지 말고, 자기 자신을 사랑해라. 남자들은 그런 여자에게 질리지 않는다.

 성병

남자친구에게 옮은 클라미디아

클라미디아 : 성기클라미디아 감염증(genital chlamydial infection), 세균의 한 종류인 클라미디아 트라코마티스 균에 감염돼 생기는 성 매개성 질환. 남성에게는 비임균성 요도염, 여성에게는 자궁경부염의 형태로 나타난다.

Q. 어플로 만난 남자와 사귀게 됐고 잠도 자게 됐어요. 하루는 배란일 근처에 몸이 살짝 이상해서 산부인과에 가서 진료를 받았는데요. 그런데 며칠 뒤 '클라미디아'라는 성병에 걸린 것 같다고 연락이 왔는데 계산해보니 지금 남자친구에게 옮은 것 같아요. 어쩌죠?

A. 성기 클라미디아 감염증

클라미디아는 임질보다는 흔한 질병이지만 위험한 성병이다. 임질과 다르게 무증상인 경우가 많아서 더욱 그렇다. 여성의 경우 빠르게 치료하지 않으면 난관에 감염이 생길 수 있고, 이를 방치하면 불임이 될 수도 있다. 특히 임신해서 출산을 할 때 엄마가 클라미디아 증상을 가지고 있으면 아이에게도 치명적이라고 한다. 보통 잠복기를 7~14일 정도로 보는데, 빨리 알게 되었다니 천만 다행이다.

외국 통계를 보면 클라미디아에 감염된 남성 1명당 여성은 약 10명 정도가 감염이 된다고 한다. 그러니 남자에게도 사실을 알리고 반드시 치료를 받게 해야 한다. 남자도 치료 받지 않으면 불임이 될 수도 있다. 항생제 먹으면서 치료 잘 받고, 검사 결과가 완치로 판정될 때까지는 성관계는 안하는 게 좋다.

남자에 대한 신뢰는 이미 깨졌을 것이고, 몸도 마음도 힘들 듯 하니 더 이상의 잔소리는 생략하고, 마지막으로 한 마디만 더 한다면 콘돔은 피임 때문만이 아니라 이런 상황을 예방하고 자신을 보호하기 위해서라도 꼭 사용하는 것이 좋다. 그리고 온라인에서 만난 남자는 쉽게 믿지 말 것. 다시는 이런 실수 안 하리라 믿으며 어서 빨리 건강해지길.

버릴 남자 Point

여자와 쉽게 만나고, 쉽게 스킨십을 시도하는 남자는 나 이외에도 여러 여자와 관계를 갖고 있을 확률이 높다. 이런 남자와 관계를 가질 때는 반드시 피임을 해야 한다.

1. 의학적으로 보면 같은 성생활을 한다 하더라도 여자가 남자보다 더 취약하다. 이는 여성의 생식기가 남자보다 복잡하며 감염되기 쉬운 해부학적 구조를 갖고 있기 때문이다.

2. 임질을 예로 들면 남자가 임질균을 가진 여자와 콘돔 없이 잠을 잤을 때 임질에 걸릴 확률은 약 20% 내외다. 반대로 여성이 임질균을 가진 남자와 관계를 했을 때 옮을 확률은 무려 80%로 4배나 높다.

3. 남성은 여성보다 성병 증상에 대한 발견이 쉽지만, 여성은 구조상 발견이 쉽지 않아 조기 치료를 놓치고 고생하는 경우가 많다.

4. 만약 남자가 전염 가능성이 있는 성병에 걸린 사실을 알고도 여자친구와 성관계를 맺었다면 이는 형법상 '상해죄'에 해당한다. 직접 때리지 않더라도 신체의 안전성을 훼손했기 때문이다. 상해죄는 7년 이하의 징역, 또는 1,000만 원 이하의 벌금에 처한다.

5. 남자친구가 본인이 걸렸다는 것을 알았지만 전염성은 몰랐다고 우기더라도, 법은 남자친구에게 책임을 묻는다. 고의가 아니더라도 상대를 다치게 했다면 책임을 져야 하는 것이 당연하기 때문이다. 이는 형법상 과실치상죄로 부주의나 태만 등으로 여자친구에게 성병을 옮긴 경우 500만 원 이하의 벌금으로 처벌된다.

6. 결국 본인이 성병에 걸렸다는 것을 알고 파트너에게 옮겼든, 모르고 옮겼든 법적 처벌로부터도 자유로울 수 없다. 따라서 잠자리는 자신의 파트너와만 안전하게 즐기는 것을 권한다.

18 질투

집착과 질투의 차이

Q. 남자친구가 질투가 너무 심해요. 제가 다른 남사친과 같이 있는 건 당연히 난리가 나고, 카페에서 맞은 편 자리에 있는 남자와 눈만 마주쳐도 불같이 화를 내요. 동호회 활동을 하다보면 남자들과 회의도 해야 하고 회식도 하고 그러는데. 한번은 그 모습을 보고는 마치 제가 바람을 피우다 걸린 사람처럼 화를 내며 가더라고요. 제가 짧은 치마를 입어도 싫어하고, 동호회 회식 가서 술 한 잔 마시는 것도 은근 위험하다고 감시해요. 지난번에는 모임 끝날 때까지 옆 테이블에서 기다리고 있기도 했어요. 남자친구 말로는 남자는 워낙 위험하고, 제가 예뻐서 자기도 모르게 불안감을 느낀다고 해요. 질투인지 집착인지. 점점 더 심해지는 것 같은데 어떻게 하죠?

A. 그 놈이 제일 위험한 놈이다

남자친구는 다른 남자들을 위험하다고 말하지만 내가 보기엔 당신 남자친구가 제일 위험한 남자다. 질투란 상대를 너무 좋아해서 상대가 나만 바라봐 주었으면 하는 감정을 뜻한다. 내 연인이 다른 이성과 즐겁게 밥을 먹거나, 술을 마시는 것이 유쾌하지 않은 건 바로 이 질투 때문인데, 이런 감정이 없다면 오히려 사랑이 아닐 수 있다. 이처럼 사랑과 질투는 바늘과 실처럼 늘 함께 다니는 감정이라고 볼 수 있다. 그러나 질투가 심해지면 '집착'이 된다. 집착은 상대를 사랑하는 그 마음이 너무 커서 밖으로 나와 상대를 구속하는 행동을 취하게 된다. 상대의 옷차림을 간섭하고, 이동 동선에 관여하며, 주변 사람들과의 관계를 나쁘게 만드는 행동 등은 모두 집착이라 볼 수 있다. 당신 남자친구는 지금 집착 중이다.

질투나 집착은 기본적으로 '소유욕'에서 시작된다. 흔히 여자가 남자보다 질투나 집착이 심할 거라고 생각하지만 사실은 그렇지 않다. 남자들이 더 심하면 심했지 덜하지 않으며, 소유욕이 강한 남자일수록 문제가 발생할 소지가 높다. 질투와 집착은 자존감이 낮을 때 더 강하게 나타나는데, 상대가 떠날까봐 두려워하는 표현이자 상대를 내 마음대로 조종하고 싶은 욕구가 동시에 나타나는 것이다. 집착하는 사람은 문제의 원인을 자신이 아닌 상대에게서 찾으려고 하고, 그 원인을 제거하기 위해 상대의 행동을 점점 더 통제하려 드는 습성이 있다. 냉정하게 이야기하면 말이 안 통하고, 자기 세계에만 몰두해 사는 것이다.

요약하면 이런 남자는 자존감이 낮고, 소유욕이 매우 높으며, 당신을 자기 마음대로 조종하고 싶어 한다. 혼자 질투를 느끼거나, 서운한 감정을 표출하는 것 까지는 괜찮지만, 질투를 사랑이라는 단어로 포장해서 상대의 일상을 통제하고 마음대로 하려는 남자는 위험하다. 관계가 깊어질수록 집착이 점점 심해질 것이기 때문에 하루 빨리 정리는 것이 좋다.

버릴 남자 Point

상대를 너무 좋아해서 상대가 나만 바라봐 주었으면 하는 질투의 감정은 사랑의 한 부분이다. 반대로 감정을 넘어 질투가 밖으로 나와 상대의 행동에 제약을 가한다면 이는 집착이며, 집착이 강한 남자는 폭력성을 보이게 된다.

1. 자존감이 높은 남자는 여자에게 버림당할 걱정으로 인해 질투를 하지 않는다. 그래서 자존감 높은 남자들이 매력 있고 인기가 좋다. 하지만 자존감 높은 남자들이 현실세계에서 많지는 않다. 이런 남자들은 상대를 간섭하지 않기 때문에 자신도 간섭 받으려고 하지 않는다. 그래서 관리가 어렵다는 단점도 있다.

2. 적당한 자존감과 약간의 열등감이 복합적으로 존재하는 남자. 가장 흔히 볼 수 있는 타입으로 연인이 다른 이성과 함께 있거

나 친하게 지내면 질투를 하거나 불편함을 느낀다. 이때 서운한 감정을 솔직하게 이야기 할 수 있는 정도의 자존감을 가지고 있고, 연인의 사회생활을 최대한 존중하려는 마인드가 있다면 가장 이상적인 질투의 수준이며, 만나기를 추천하는 남자다. 적당한 질투는 상대를 더 가치 있게 느끼게 만들고, 사랑을 지키기 위해 더 노력하는 에너지가 돼 주기 때문이다.

3. 집착은 상대가 나만 바라봐 주었으면 하는 마음이 행동으로 나타난다. 상대의 복장, 태도, 인간관계 등을 통제하려고 한다. 이런 사람은 소유욕이 강하고, 자존감이 낮으며 버림당하는 것에 대한 불안감을 갖고 있어서 정서적으로 불안정하다. 논리적 설득이 사실상 어려운 경우가 대부분이며 관계가 더 깊어지기 전에 헤어지는 것이 최선이다.

4. 흔히 바람둥이들이 매력이 있다고 하는 이유는 바람둥이들이 자존감이 높아 보이고 여유가 있어 보이기 때문이다. 바람둥이들의 특징은 질투나 집착을 하지 않는다. 애초에 사랑하지 않으니 질투할 필요도 없고, 여자 입장에서는 그것이 여유로워 보이고 자존감이 높아 보이는 착시 현상으로 비춰질 수 있다. 사랑이 있는 곳에 질투가 있고, 질투가 있는 곳에 사랑이 있다. 그래서 '쿨한 사랑'은 '차가운 불'과 같이 양립할 수 없는 단어이며 모순이다. 쿨한 사랑을 이야기하는 남자는 바람둥이일 가능성이 매우 높다.

19 생활습관
쓰레기 분리수거를 안 하는 남자친구

과태료: 재활용이 가능한 쓰레기와 일반쓰레기를 혼합 배출시 10만 원의 과태료가 부과된다.

Q. 남자친구 집에서 같이 영화를 보고 있었는데, 영화에서 라면 먹는 장면이 나오니까 라면이 먹고 싶다고 하더라고요. 저는 배가 안 고파서 안 먹고 남자친구 혼자 끓여 먹었는데, 라면 봉지를 일반쓰레기 봉투에 휙 버리는 거예요. 보니까 일반쓰레기 봉투에 생수병도 있더라고요. 그래서 "오빠 이거 왜 여기다 버렸어?"라고 물으니까 남자친구가 "그럼 그걸 어디다 버려?"라고 퉁명스럽게 말하더라고요. 그래서 제가 "이거 분리배출 표시 있으니까 재활용해서 따로 버려야지"라고 했어요. 언성을 높인 것도 아니고 그냥 조용히 말했는데 갑자기 화를 내면서 "내가 내 집에서 라면 하나 끓여 먹는데 너한테 이런 잔소리를 들어야 해?"라

며 소릴 지르는 거예요.

저도 어이가 없어서 "쓰레기 분리수거는 당연히 해야 하는 거고, 분리수거 안하면 일반쓰레기 봉투 값도 더 많이 들고 요즘은 분리수거 안하면 벌금도 물어."라고 했더니 남자친구가 "내가 유튜브에서 봤는데 어차피 분리수거해도 그거 다 재활용하지도 않고 벌금 물어도 내가 내니까 이런 걸로는 참견하지 마"라며 화를 냈어요. 그래서 서로 엄청 싸웠네요. 결국 그 일로 이별까지 했다가 남자친구가 쓰레기 분리수거 안한 거 잘못이라고 인정하고 앞으로 분리수거 잘하고 그런 식으로 화내지 않기로 약속해서 화해했는데, 생각해보면 분리수거 때문에 이별까지 한 게 어이가 없어요. 친구들한테 이야기 해봐도 친구들도 다 남자친구가 잘못했다고 하는데, 어떻게 분리수거를 안 할 수 있죠?

A. 이 싸움은 반복될 싸움인가? 아닌가?

남자친구 입장에서 생각해보면 매일 분리배출하지 않고 쓰레기를 버렸어도 지금까지 아무 문제가 없었는데, 여자친구가 그린피스(국제환경보호단체) 직원도 아니고 라면 봉지 버리는 문제 때문에 잔소리를 했다면 속상했을 수도 있다. 다른 환경에서 살아온 남녀가 만나다보면 이런 일들로 다투게 되는 건 지극히 자연스러운 현상이기에 커플 사이에 사소한 다툼이 생겼을 땐, 제일 먼저 이 부분을 봐야 한다.

"과연 이 문제가 이번 한 번으로 끝날 일인가? 아니면 반복해서 생길 문제인가?"

한 번으로 끝날 문제라면 굳이 다툴 필요조차 없다. 앞으로 다시 생기지 않을 문제니까. 반대로 반복되는 문제라면 복잡해진다. 쓰레기 분리배출 문제는 잘못된 생활습관에서 나오는 문제로 반복될 가능성은 높지만 다행스럽게도 남자친구가 추후 잘못을 인정하고 바로 잡겠다고 했으니 이 부분은 믿어줘야 할 것 같다.

요즘 환경문제가 이슈라 한 낮에도 분리배출 단속하시는 분들이 자주 보인다. 남자친구 역시 단속에 한 번 걸려서 '10만 원 짜리 라면 한 그릇'을 먹어보면 환경을 생각하는 마음이 크게 생길 것이기에 너무 민감하게 반응하지는 않기를 바란다. 다툼은 할 수 있지만 이별은 좀 과하다. 왜냐하면 이런 일로 이별을 한다면 함께 하는 동안에 이별 할 일이 너무 많기 때문이다. 그리고 환경도 중요하지만 더 중요한 것은 옆에 있는 사람이다.

결론적으로 환경에 대한 감수성이 조금 부족하고, 다투는 과정에서 태도가 조금 안 좋았지만 당신은 당당했고, 남자친구는 그런 당신을 존중해서 사과하고 재발방지를 약속 했다면 '라면봉지'로 인한 싸움은 재발하지 않을 가능성이 크다. 고로 잘 만나길 바란다.

버릴 남자 Point!

커플이 다툴 때는 그 문제가 한 번만 일어나는 문제인지, 아니면 앞으로 반복될 문제인지 파악하는 것이 중요하다.

1. 커플이 다투는 건 당연한 일이다. 행복한 커플은 다툼 자체를 나쁘게 생각하지 않는다. 다툼 자체를 당연하게 받아들이는 것이 행복한 연애를 하는 비법이다. 신뢰를 기반으로 한 다툼은 나쁘지 않다. 우리가 지금 다투는 것이 '헤어지기 위한 것'이 아니라, '서로 더 잘 만나기 위해 맞춰가는 과정'이라고 생각해야 한다.

2. 다투지 않는 커플이 있다면 아직 다투지 않고 있거나, 둘 중 한 명이 받아주고 있는 것이다.

3. 커플은 다툼을 통해 서로 다름을 알아가고, 서로에게 맞출 줄 알게 된다. 다툼이 나쁜 것이 아니라 다투는 과정에서 보이는 태도가 나쁜 것이다. 다툼은 반복적으로 일어날 것이며, 그럴 때마다 지금 보이는 나쁜 태도 역시 반복적으로 나타날 것이다. 더 안 좋은 것은 연애 기간이 길어질수록 나쁜 태도가 점점 더 심해진다는 사실이다.

4. 워싱턴 대학교의 심리학과 명예교수인 '존 가트맨' 박사는 부부가 갈등 상황을 겪는 모습을 15분간 관찰하면 15년 후 그 부부

가 헤어질 것인지 아닌지를 90% 이상 예측할 수 있다고 한다. 이혼으로 가는 태도는 바로 '경멸'이었다. "당신이 뭘 안다고 그래?"처럼 상대에게 상처를 주는 말이나 태도, 몸짓 등이 모두 경멸에 해당된다.

5. 비록 다툼이 있더라도 헤어지지 않고 오래오래 만나는 커플은 다툴 때 긍정 감정과 부정 감정의 비율이 5:1을 넘지 않았다고 한다. 만약 커플이 다툼을 하는데 부정 감정의 비율이 40%을 넘어가면 그 커플은 헤어질 확률이 그 비율만큼 빠르게 높아진다.

6. 마지막으로 자신의 잘못을 인정하고 사과하고, 재발방지를 약속하는 남자는 괜찮은 남자다.

연애 TIP_ 한 번에 끝나는 싸움 vs 반복되는 싸움 구별하기

다음 커플 다툼의 사례를 보면서 각 문제들이 '해결 가능한 문제'인지 '반복되는 문제'인지 판단해보자.

사례 1

남편 병철씨는 여름철 악취 문제로 매일 집에서 나오는 일반쓰레기 및 음식물 쓰레기를 버리기로 아내와 약속했다. 평소 약속을 지켰던 병철씨는 최근 들어 회사에 급한 일이 생겨 야근이 많아졌고, 신경 쓸 일이 많아져서인지 쓰레기 버리는 것을 깜빡하게 됐다. 아내가 부탁을 하면 처리를 하지만 말을 안 하면 그냥 넘어가는 경우가 많아 졌다. 아내는 쓰레기 버리는 약속 하나도 지켜주지 않는 남편이 서운하고, 그래서 계속 잔소리를 하게 된다. 이런 문제는 해결할 수 있을까?

A _반복되지 않는 문제다.

이 문제는 반복되는 문제가 아니라 단기적인 상황으로 생긴 문제다. 평소 약속을 지켰던 병철씨가 갑작스러운 회사일로 약속을 깜빡하는 것이라면 문제를 해결할 방법을 찾아볼 수 있다. 카톡이나 문자 메시지를 통해 깜빡하지 않도록 부탁을 할 수도 있고, TV 모니터에 포스트 잇 등을 붙여 약속을 지켜달라고 적을 수도 있다. 또한 바쁜 일이 끝날 때까지만 잠시 그 일을 아내가 대신해주고, 일이 끝나면 다른 일까지 더 잘 해주기로 서로 약속을 하는 등으로 해결이 가능한 문제다.

사례 2

아내 은정씨는 남편과 사소한 문제로 다툴 때마다 남편이 큰 소리를 지르며 화를 내는 것이 싫다. 은정씨는 말다툼이 생기면 남편에게 소리는 지르지 말아 줄 것을 부탁하지만 남편은 '화가 났을 때 화를 내는 것이 무슨 잘못이

냐'며 더 소리를 지른다. 결국 은정씨는 그럴 따마다 자기도 모르게 울게 되고, 남편은 그런 아내를 보면서 더 화가 난다. 이 문제를 해결할 수 있을까?

A_반복될 문제다.

남편은 사소한 다툼에 소리를 지르는 방법으로 화를 드러내고, 아내는 울음만이 본인의 감정을 드러내는 방법이다. 이는 성격과 화를 표출하는 습관에 의한 문제로 살면서 계속 반복될 문제다. 상황이 문제가 아닌 사람의 문제이기 때문에 근본적인 해결은 불가능하다.

사례 3

명길씨와 소형씨 부부는 얼마 전 1,000만 원 짜리 복권에 당첨됐다. 행복도 잠시 명길씨는 이런 기회가 어디 있냐며 1,000만원을 가지고 가족들끼리 하와이로 여행을 가자고 하지만, 아내 소형씨는 여행은 언제든지 갈 수 있으니 지금은 펀드에 돈을 넣어 투자를 하자고 말한다. 명길씨는 소중한 가족들과의 추억보다 돈 1,000만원을 더 중요하게 생각하는 아내가 못 마땅하다. 아내는 미래는 생각하지 않은 채, 순간의 즐거움만 생각하는 남편이 못 마땅해서 최근 갈등이 부쩍 늘었다. 이런 문제는 해결할 수 있을까?

A_반복되지 않는 문제다.

먼저 복권에 당첨됐다니 부럽다. 어차피 두 번 당첨되기는 어려우니 반복되지 않을 행복한 고민이다. 이 문제는 복잡하게 보면 돈에 대한 가치관의 문제지만, 간단하게 보면 복권 당첨금을 어떻게 사용할지에 대한 의견 차이다. 이 경우는 의외로 서로간의 '협상'을 통해 해결이 가능하다. 하와이 대신 가까운 동남아나 제주도 등으로 알뜰하게 가족끼리 추억을 쌓고, 남은 돈으로는 펀드에 가입을 하는 방법으로 해결이 가능한 문제다.

연애와 결혼의 차이

연애는 상대의 한 가지 장점만 보고도 할 수 있다.
상대가 아무것도 없어도
키가 187cm라면
목소리가 가수 박효신이라면
연애 할 수 있다.
결혼은 다르다.
한두 가지 특장점이 중요한 것이 아니라
전체적인 밸런스를 중요하게 봐야 한다.

20 가부장적 남자친구

'여자는'이란 말을 해요

가부장 : 봉건 사회에서 가장권(家長權)의 주최가 되는 사람. 가족에 대하여 절대적인 권력을 가진 사람으로 주로 아버지가 그 절대적인 지위를 가졌다.

Q. 남자친구가 지방 사람이고 아버지가 군인 출신이에요. 그래서 뭐랄까? 가부장적인 면이 자주 보여요. 예를 들면 '아이 낳기 전까지는 맞벌이를 하더라도 아이가 태어나면 아이는 엄마가 보는 것이 낫기 때문에 일을 그만뒀으면 좋겠다' '남녀 차별이 아니라 살림은 여자가 더 잘하고 돈은 남자가 더 잘 버니까 살림은 여자가 하는 게 더 효율적이다' 등 이런 말을 아무렇지도 않게 해요. 또 여자는 아이를 낳아야 하기 때문에 담배를 피우거나 술을 많이 마시면 안 된다고 하거나, 여자는 위험해서 늦게 돌아다니면 안 된다고 해요. 물론 자기는 담배도 피우고

새벽에도 돌아다녀요.

얼마 전에는 뉴스에서 성추행 당한 피해자 이야기가 나오는데 여자도 뭔가 잘못을 했으니까 그런 일이 생기지 않았냐는 듯이 말해서 저도 그동안 쌓인 게 폭발했어요. 그래서 그동안 말했던 남녀차별에 관한 내용들을 조목조목 말했더니 오히려 "내가 틀린 말 한 게 뭐가 있는데? 틀린 게 있으면 감정적으로 말하지 말고 틀린 부분을 객관적으로 반박해."라며 화를 내더라고요. 자기는 객관적이고 이성적인데 여자들은 감정이 앞서서 문제라고 말하길래 이건 도저히 말이 안 통해서 그냥 넘어갔는데 솔직히 너무 속상했어요. 물론 잠시 후, 자기가 좀 흥분했던 것 같다며 사과를 하긴 하지만 늘 그런 식이에요. 처음 만날 때는 전혀 안 그랬는데 결혼까지 생각하는 남자가 이러니 좀 걱정돼요. 점점 더 심해지면 어쩌죠? 안 바뀌겠죠?

A. 말하는 게 직업이니 '단도직업적'(?)으로 말한다면, 앞으로 더 심해질 것이다

더 정확하게 말하면 그런 성향이 점점 드러나게 된다. 사랑으로 극복하겠다면 선택이니 어쩔 수 없겠지만 남자친구를 변화시켜 보고 싶다면 그만 두길 바란다. 비유하면 고장 난 가전제품을 수리하는 비용보다 최신 제품을 새로 사는 편이 비용이 훨씬 저렴한 상황이다.

남자들은 저마다 자신은 객관적이고 이성적이라 생각하지만 착각이다. 나도 그런 면이 있지만 인간이 객관적일 수 없다. 그런 면에서 남자친

구는 단순히 가부장적인 면을 넘어 이기적이라고 볼 수 있다. 이기적인 것이 나쁜 건 아니다. 자신의 이익을 추구하는 게 나쁜 건 아니니까. 다만 그런 경향이 너무 강하다보면 공감능력이 부족해지는데 이때 문제가 발생한다. 함께하는 사람의 일상이 피곤해진다. 사람은 보고 싶은 것만 보고, 듣고 싶은 것만 듣기 때문에 어차피 설득은 안 될 거라는 것을 알면서도 남자친구에게 말해본다면.

남자가 돈을 잘 버는 이유는 개인의 능력이 뛰어나서가 아니라 조직 전체가 남성 위주로 돌아가기 때문이다. 나 역시 그 덕분에 아이가 태어나면서 내가 사회생활을 계속하게 됐고, 아내는 전업주부가 됐다. 아이 봐줄 사람이 없는 상황에서 서로가 합의한 어쩔 수 없는 선택이었지만 난 여전히 그때의 '합의'가 미안하다. 지금 시간이 새벽 1시 30분. 나는 사무실에서 글을 쓰고 있지만, 아내는 코로나 때문에 학교도 못가는 아이들을 몇 개월 째 보살피며 고생을 하고 있다. 군대로 치면 몇 개월 째 24시간 당직인 셈이다. 그래서 나는 내가 버는 돈의 50%는 아내가 번 것이라고 생각한다. 아내가 희생하고 배려해줘서, 가정이라는 골대를 든든하게 지켜주니 내가 맘 놓고 이렇게 공격을 할 수 있는 것이다.

아이는 엄마가 키워야 한다는 생각들은 편견이다. 영국 뉴캐슬대학교의 연구에 따르면 어린 시절 아빠와 많은 시간을 보낸 아이들은 그렇지 않은 아이들에 비해 지능지수(IQ)가 높았고, 사회적으로도 높은 위치에 자리 잡고 있다고 한다. 또한 미국 과학전문매체 사이언스 데일리(Science Daily)에 실린 연구에서는 아빠의 육아 참여가 아이의 비만 예방에도 도움이 된다고 한다. 이 외에도 아빠가 육아에 참여하는 경우 아이가 안정적인 애착 형태를 보이거나, 불안 또는 스트레스 정도가 낮아지고, 자존감이 높아 다양한 사람과 우호적인 관계를 쉽게 유지한다고 한다. 이처럼 아빠의 육아참여에 대한 긍정적인 연구 결과는 수도 없이 많다.

담배가 몸에 해로워서 피우지 않는 것이 좋다는 말도 맞고, 여자가 아이를 낳아야 하기 때문에 건강에 신경 써야 하는 것도 맞다. 그렇다면 결혼해서 내 아이를 가질 여자가 있다면 남자도 담배를 끊어야 한다. 직접 흡연만큼이나 간접흡연도 상당히 해롭다는 사실은 여러 과학적 연구를 통해 확인된 사실이다.

여자가 늦은 시간에 다녀서 위험한 이유는 여자가 늦게 돌아다녀서가 아니라 나쁜 사람들이 많아서다. 나쁜 사람들을 사라지게 만들어서 여자들이 안심하고 다닐 수 있는 세상을 만들자고 해야지. 여자들이 늦게 다니니 당연하게 나쁜 짓을 당한다는 논리는 참? 이런 생각을 가진 남자에게 무슨 말을 어떻게 객관적이고 논리적이고 이성적으로 해야 알아들을까? 같은 남자로서 아무리 논리적이고 이성적으로 말해도 어차피 설득되지 않을 것임이 보인다.

어릴 때는 다른 사람들끼리도 서로 맞춰가며 행복하게 잘 살 수 있을 거라 생각했는데, 연애상담만 16년을 한 결과 모두 착각이었다. 서로 잘 맞는다고 생각하는 사람들끼리 만나도 행복을 장담 못하는 게 결혼인데, 시작 전부터 너무 안 맞는 사람과 억지로 맞춰가면서 연애하고 결혼하는 게 과연 옳은 일일까? 생각해본다.

나와 대화가 잘 통하고 생각이 맞는 사람과 만나길 바란다. 만약 그런 남자 못 만나면 차라리 혼자가 낫다. 딸 있는 아빠의 진심이다.

버릴 남자 Point.

결혼 후 아내들이 가장 힘들어하는 남편 스타일 중 하나는 "공감능력이 없는 남자"다. 가부장적인 남자들은 공감능력이 떨어지고 이는 함께 가정을 꾸리고 사는데 큰 문제가 된다. 고치지 못한다. 연애 중에 이와 같은 문제를 발견했다면 평생 감당할 수 있을지를 진지하게 고민해야 한다.

연애 TIP_ 당신을 매력적인 여자로 만드는 5가지 마법의 법칙

첫째_ 대화할 때 눈을 바라본다.

처음 만났을 때 상대가 눈을 쳐다보지 않고 대화를 하면 여자는 남자가 자신감이 없다고 생각하고, 남자는 여자가 자신에게 관심이 없다고 느낀다. 남자는 여자가 자기를 쳐다보며 이야기를 하면 자신에게 호감이 있다고 느낀다. 심지어 남자들은 길거리를 지나가다가 모르는 여자와 눈이 마주쳐도 자신이 잘생겨서 쳐다본다고 착각을 하곤 한다. 이는 놀랍게도 사실이다.

둘째_ 쳐다보고 웃어준다.

심리학자 데브라 월시와 제이휴이트의 'BAR 실험'에 따르면 모르는 여자가 쳐다보면서 웃기만 했을 뿐인데, 남자 10명 중에 6명이 여자에게 말을 걸었다. 남자들은 여자가 자기를 쳐다보면서 웃기만 해도 자신에게 호감이 있다고 판단하고 용기가 생긴다. 용기가 생긴 남자는 상대를 더 매력적으로 평가하게 된다.

셋째_ 잘 들어준다.

탈무드에 이런 말이 나온다. "똑똑한 사람은 답을 잘하고 현명한 사람은 질문을 잘한다." 나는 말한다. 매력 있는 여자는 남자를 떠들게 한다. 남자가 자신의 이야기를 하면 할수록 당신의 매력이 올라간다.

넷째_ 칭찬한다.

다시 한 번 말하지만 남자가 가장 사랑하는 사람은 자기 자신이다. 그런 자신을 칭찬해주는 것이다. 이때 그 남자가 노력해서 이룬 것이나, 타인에게 인정받기 위해 노력하는 것을 칭찬해주는 것이 좋다. 예를 들면 타고난 신체

적 매력에 대한 칭찬보다는 본인이 노력해서 얻은 자격증이나 결과물 등에 대한 인정을 해주면 더 좋아한다.

다섯째_가볍게 터치한다.

악수도 좋고, 대화 중 남자가 웃겼을 때 가볍게 툭 건드리는 것도 좋다. 길을 걷다가 횡단보도에 빨간불이 들어오면 "빨리 가요"라면서 남자의 팔을 잡고 뛰는 것도 좋다. 스킨십 만큼 확실하게 남자에게 어필 할 수 있는 것은 없다. "혹시 남자가 싫어하면 어떻게 하나요?"라고 물을 수 있다. 연구결과에 따르면 원치 않은 상대가 터치를 했을 때 여자는 독사에 물린 것 같은 충격을 받는다. 반면, 남자는 파리가 앉은 것 같은 느낌을 받는다. 가벼운 터치는 꽤 효과적이다.

위의 5가지는 누구나 할 수 있는 기본적인 방법들이며, 마음에 드는 사람을 만났을 때만 기억하면 된다.

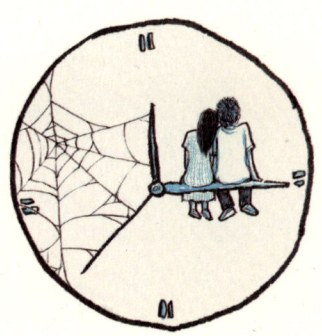

21 여혐

남자친구가 여성혐오 사이트 회원이에요

Q. 남자친구와 놀다가 제 휴대폰 배터리가 없어서 남자친구 전화기로 인터넷 서핑을 하려고 크롬을 눌렀는데 글쎄 여성혐오 사이트로 연결되더라고요. 인터넷 검색할 때 여러 페이지로 나눠지고 그러잖아요? 한 페이지만 실수로 들어간 게 아니라 떠 있는 4페이지 모두 여성혐오 사이트더라고요. 저도 좀 봤는데 진짜 말로 하기도 민망할 수준의 음담패설부터 여자들 욕까지 가관이더라고요. 심지어 남자친구가 직접 쓴 글들도 많이 있더라고요.

남자친구는 35살이고 좋은 회사 다녀요. 겉으로 볼 땐 멀쩡하고 잘난 사람인데, 너무 충격 받았어요. 그런 건 철없는 애들이나 하는 줄 알았는데 제 남자친구가 여성혐오 사이트 멤버였다니. 이건 민망해서 어디 말도 못 하고 있다가 남자친구에게 조심스럽게 물었더니 놀라더군요. 그러면서 자기는 가끔 그냥 재미로 들어가는 거라고 적극적으로 활동

하는 건 아니라고 하더라고요. 제가 싫으면 앞으로 안 한다고 해서 믿고 싶은데 솔직히 걱정 돼요. 믿어도 되겠죠??

A. 믿는 것은 자유지만 고치지 못한다

여성혐오는 기본적으로 '공감능력의 부족'에서 시작한다. 공감능력이란 타인의 감정을 이해하는 능력이고, 특히 연애할 파트너를 선택함에 있어 매우 중요한 요소다. 그런데 이런 공감능력이 부족한 남자들이 의외로 많다. 그 수준이 어느 정도냐에 따라 차이가 있겠지만 공감능력이 부족할수록 함께하는 사람의 삶이 피곤해진다. 극단적으로 말하면 공감능력이 부족하면 나쁜 사람이 되고, 공감능력이 아예 없으면 사이코패스가 되는 것이다.

상대를 믿고 싶은 마음, 한 번의 실수로 넘어가고 싶은 마음 다 이해한다. 그러나 사고방식이나 정치적인 의견이 다른 건 그럴 수 있지만, 남자친구가 '여성 혐오' 사이트에서 회원으로 활동을 한다는 건 이미 여성 혐오를 문화처럼 즐기고 있다는 뜻이다. 여자 입장에서 보면 피해야 할 남자다.

놓치고 싶지 않은 괜찮은 남자라 혼란스럽겠지만 이런 상황에서 해야 할 일은 어떻게 하면 남자친구를 그런 사이트에서 탈퇴 시킬까가 아니라 내가 이런 성향의 남자를 감당할 수 있을 것인가를 고민하는 일이다. 어떤 선택을 해도 후회할 것이다. 조건이 좋은 남자라 헤어져도 후

회할 수 있고, 계속 만나도 후회할 일이 생길 것이다. 어떤 결정을 내리든지 당신의 선택이지만 이것은 꼭 기억해야 한다. 믿는 것은 자유지만 고치지는 못한다.

버릴 남자 Point

가치관이 비슷한 것처럼 느껴지는 사람과 만나도 힘든 일이 생긴다. 하물며 여성 혐오적 가치관을 지닌 남자라면 두 번 말할 것도 없다. '차라리 혼자 사는 게 더 낫다'라는 말은 이럴 때 하는 말이다.

마지막으로 만약 내가 여자라면, 남자와 결혼을 결심하기 전에 꼭 2가지는 확인해 보겠다. 바로 '전과 조회'와 '댓글 이력'이다. 여자들이 남자의 경제력은 꼼꼼하게 보면서 왜 이런 건 체크를 안 하는지 모르겠다. 사실 행복하게 함께 살려면 이 부분이 더 중요한데 말이다. 인터넷으로 쇼핑을 해도 구매후기를 따져보고, 영화 한 편을 볼 때도 평점을 보고 고르는데, 어쩌면 평생을 함께 해야 할지도 모르는 사람을 선택하면서 '전과 조회' 같은 것도 안 하는지 한편으론 신기하다.

내가 여자라면 각자 동의하여 서로의 전과도 조회해보고, 같이 있는 자리에서 네이버와 다음에 로그인하여 댓글 이력도 보자고 하겠다. 겉으로는 멀쩡해 보이지만 이상한 사람들이 너무 많아지는 요즘이라서 그렇다.

쓸친소 기념사

"행복하지 않을 이유가 없습니다.
솔로라서 불행한 것이 아니고,
커플이라서 행복한 것이 아닙니다.
행복과 불행은 우리가 결정합니다.
지금부터는 홀로 있으면 홀로인 것을 즐기고
둘이 있으면 둘이 있는 것을 즐기는
자유로운 우리가 되기를 바랍니다.
우리는 모두 하나입니다."

쓸쓸함의 아이콘 김제동의 무한도전 '쓸친소 기념사'

22 빚

허용 가능한 남자친구의 빚의 종류는?

Q. 저와 남자친구는 30살 동갑이에요. 사귄지는 1년 좀 넘었고요. 남자친구가 솔직히 잘 생긴 편이에요. 키도 크고 옷도 잘 입어요. 회사는 어디 다니는지 알았지만 연봉까지는 몰랐어요. 좋은 차를 타고 다니고, 골프도 치고 해서 집이 잘 사는 줄 알았어요. 남자친구가 저를 마음에 들어 해서 사귀게 됐고, 제가 여행을 좋아해서 둘이 여행도 자주 다니며 정말 즐겁게 연애했어요. 그러다보니 저희 집에서도 남자친구에 대해 알게 됐어요. 부모님은 제가 좋은 사람 만나서 일찍 결혼하길 원하시거든요. 하루는 서로 이런 저런 이야기를 하는데 결혼 이야기가 나왔어요. 그랬더니 남자친구가 대뜸 "솔직히 미안한데, 나는 갚아야 할 돈이 있어서 결혼하려면 몇 년 걸릴 것 같아."라고 말하는 거예요. 그리곤 더 말을 안 하려고 하길래 이건 서로에게 중요한 문제라고 설득했어요. 결국 말을 해줬는데 빚이 1억 정도 있다고 해요. 학자금 대출, 학교 다

닐 때 생활비 대출, 그리고 빚도 자산이라고 이자가 너무 저렴해서 대출 받아 주식을 좀 했는데 손해가 크다고 하네요. 그래서 그럼 빚이 있으면 수입 차는 어떻게 사고 골프는 어떻게 치러 다니느냐고 물으니 그건 빚을 지더라도 자존심이라 포기를 못한데요. 남자친구가 그저 멋있고 성실하게 직장생활 하는 사람인 줄만 알았는데 실망이 너무 크네요. 남자친구를 사랑하긴 하는데 사랑으로 극복할 수 있을까요?

A. 돈 때문에 결혼하는 것만큼 나쁜 것도 없지만, 사랑만 보고 결혼하는 것만큼 어리석은 것도 없다

능력이 있어서 돈을 많이 버는 남자면 제일 좋을 것이고, 그 다음은 당장은 돈이 없어도 성실한 남자가 좋은 테고, 제일 피하고 싶은 남자는 딱히 능력도 없는데 빚이 잔뜩 있고, 허세가 가득한 남자일 것이다. 빚에 좋은 빚과 나쁜 빚이 어디 있겠느냐마는 빚에도 이름이 있다. 학자금 대출이나 주택 구입 대출 같은 빚은 일반적으로 허용 가능한 빚이다. 빚이 없는 것이 가장 좋겠지만 이 정도까지는 이해해 주는 경우가 많다. 남자가 빚이 있다면 빚의 종류와 금액, 남자의 태도와 의지를 우선적으로 봐야 한다.

나이 서른에 월급 한 푼 저축 하지도 않으면서 빚을 내서 주식을 하고, 수입차와 골프는 자존심이라 포기를 못해 빚이 1억 원까지 늘었다면 이런 남자는 빚 1억이 곧 2억이 될 거다. 이는 그 남자 삶의 태도이며 습관이라 고치지 못한다.

버릴 남자 Point!

사랑하는 남자에게 빚이 있다면 '금액' '이유' '빚에 대한 태도' 이 3가지를 반드시 봐야 한다. 이 3가지 중 한 가지라도 문제가 있다면 사람이 아이를 낳듯, 빚이 빚을 낳는다.

1. 남자 나이 서른에 모아 둔 돈이 없는 건 이해한다지만 빚이 1억인데 학자금 대출은 그대로고, 자존심 때문에 수입차를 끌고 다녀야 하는 남자라면 빚은 곧 2억이 된다.

2. 빚에도 이름이 있다. 듀오 설문조사에 따르면 싱글 남녀가 이해할 수 있는 연인의 빚 1위는 '학자금 대출', 2위는 '주택 구입 대출', 3위는 '수술 등 건강문제로 인한 빚'이었다. 이런 빚들은 커플 사이에도 용납해주는 빚이다. 반면 절대 이해할 수 없는 연인의 빚 1위는 '도박이나 유흥으로 인한 빚', 2위는 '지나친 생활비로 인한 빚', 3위는 '가정 형편으로 인해 물려받은 빚' 순이었다. 지나친 생활비로 인한 빚은 남녀 모두에게 용납할 수 없다.

3. 진화심리학 관점에서 상대의 빚에 더 민감하게 반응하는 것은 여자다. 남자의 재정문제가 자신은 물론 자녀의 양육에 큰 영향을 미치기 때문이다.

23 피임

피임을 거부하는 남자친구

Q. 사귄 지 6개월 정도 된 남자친구가 있어요. 다른 건 잘 맞고 잘 지내는데 한 가지가 아주 달라요. '성에 대한 인식'이랄까? 너무 달라요. 남자친구는 "정자는 남자 몸 밖으로 나오면 공기에 노출돼 죽어. 그러니까 너무 걱정하지 말고 내가 조절 잘 할게."라고 말하면서 콘돔을 안 쓰려고 해요. 제가 불안해서 "만약 임신하면 어떻게 하려고 그래?"라고 말하면 "야, 걱정 하지 마. 임신도 안 되겠지만 만약 임신하면 내가 책임질게."라고 해요. 매달 테스트기에 두 줄 뜰까봐 마음 졸이면서 만나는 건 너무 싫은데 어떻게 하면 남자친구를 바꿀 수 있을까요?

A. 바꾸긴 뭘 바꿔?

알아서 컨트롤 하니까 상관이 없다고? 밖으로 나오면 다 죽을 테니까 괜찮아? 게다가 만약에 임신하면 책임져? 16년 동안 연애상담을 했지만 불안해하는 여자친구의 사정(事情)보다 본인의 사정(射精)을 더 중요하게 생각하는 이기적인 남자들이 실제로 '책임' 지는 걸 못 봤다. 진짜 책임질 마음과 자세가 된 남자들은 문제를 만들려고 하지도 않고, 그런 말을 가볍게 하지도 않는다. '임신'이 어떤 의미인지 알기 때문이다.

남자에게 존중받는 방법

친한 친구 녀석이 누나와 사귀었다. 녀석은 누나를 참 좋아했기에 그렇게 스킨십을 하고 싶었고, 드디어 함께 밤을 보낼 찬스가 생겼다. 누나를 집에 초대한 녀석은 와인과 케익, JAZZ까지 준비했다. 분위기는 달아올랐고, 키스를 하고 마침내 결정적인 순간. 그런데 하필 CD(콘돔의 약자)를 깜빡했다는 사실을 깨달았다고 한다. 분위기가 최고조에 있었던 순간이었음에도 누나는 단호하게 'NO'라고 말하며, '스'자 들어가는 스킨십을 거부했다고 한다. 녀석은 마치 프로파일러(범죄심리분석 수사관)처럼 누나를 설득했지만 실패를 했다. 하필이면 그날따라 엄청난 폭우가 쏟아졌는데, 녀석은 결국 그 쏟아지는 비를 맞으며 왕복 16블록을 걸어가서 피임도구를 사왔다고 한다. 그 녀석이 비를 쫄딱 맞으며 CD를 사오게 한 누나를 원망했거나 누나에게 화를 냈을까? 아니 오히려 자기 몸을 아끼는 누나를 더 존중하고 사랑하게 됐다.

남자친구가 떼를 쓴다고, 매달린다고 해도 피임이 안 된다면 '스'자 들어가는 스킨십은 하지 않아야 한다. 내가 나를 소중하게 생각해야 상대도 나를 소중하게 대한다. 안타깝게도 남자친구 하는 행동을 보니 이미 관계가 꽤 진행된 상태라 남자친구가 화를 낼 수도 있을 듯 하다. 만약 거절했다가 남자친구가 헤어지자고 하면 어떻게 하냐고? 진심인데 그런 녀석과는 헤어지는 게 축복이다. 빨리 끝내고 당신 존중해주는 남자 만나길. 이런 남자는 못 고친다. 장담하는데 하루라도 빨리 헤어지는 것이 당신 인생의 복이다.

버릴 남자 Point!

짧은 연애기간 조차 상대를 존중하지 않는 남자가 긴 결혼생활 동안 상대를 존중할 리 없다. 기본적인 배려조차 모르는 남자는 하루라도 빨리 버리는 게 인생이 행복해지는 길이다.

1. 합의가 안 된 상황에서 피임 없이 하는 남자는 아웃이다. 단순히 배려심이 없는 것이 아니라 무책임하고 폭력적인 남자다. 피임 없이 하고, 만약에 문제 생기면 책임지겠다는 말을 하는 남자들은 아웃이다. 진짜 책임질 마음이 있는 남자들은 그 문제를 가볍게 생각하지 않는다.

2. 여자의 피임이 남자의 피임보다 까다롭고, 부작용도 있으며, 비싸고 상대적으로 좀 더 위험하다. 단지 귀찮거나 느낌이 줄어든다는 이유로 여자에게 피임을 권하는 남자는 아웃이다. 하나를 보면 열을 안다.

3. "피임 문제로 스킨십을 거부했다가 남자친구가 싫어하거나 헤어지자고 하면 어떡해요?" 원할 때 피임 없이 스킨십을 못하게 했다고 이별을 하자는 남자는 당신과 연애하는 것이 목적이 아니라 편하게 자는 게 목적인 남자다. 정상적인 연애를 하고 싶다면 정상적인 목적을 가진 남자와 연애길 바란다.

4. 스킨십의 3요소는 '내가 원하는 스킨십인가?' '믿을만한 사람인가?' '안전한(피임) 스킨십인가?'이다. 성인이면서 이 3가지가 확실하다면 스킨십은 당신의 선택이다. 남자는 자신의 몸을 소중하게 여기는 여자를 존중한다. 내 몸을 내가 귀하게 여겨야 상대가 내 몸에 함부로 장난을 치지 못한다.

24 속도위반

남자친구가 아이를 갖자고 해요

Q. 남자친구가 불안감이 심해요. 무슨 말이냐면 저희는 동갑 커플인데, 제가 먼저 좋은 회사에 취업을 했고 남자친구는 아직 취업을 못 했거든요. 그런데 하필 저희 회사가 남자들이 많은 직장이라 남자친구가 많이 불안해해요. 가뜩이나 자존감이 낮은 편인데, 저와 헤어질까봐 더 불안해해요. 제가 그런 걱정 하지 말라고 아무리 말해도 계속 이별 걱정을 해요. 심지어 아이를 갖자고 하더군요. 자기도 빨리 취업하고 저희 부모님께 허락도 받을 테니 일단 아이를 갖고 먼저 결혼하자고요. 그래야 저와 이별하지 않을 것 같아 안심할 수 있을 것 같다고 하네요. 남자친구가 순수한 면도 있고 저를 너무 사랑하는 것도 알고, 저도 남자친구를 사랑하는데 일단 아이부터 갖는 건 아닌 듯해서 친구들에게 물어봤더니 다들 미쳤다고 하더라고요. 속도위반 말고 남자친구의 불안감을 해결할 수 있는 좋은 방법이 없을까요?

A. 불안한 건 정상, 아이를 도구로 사용하는 건 비정상!

여자친구가 좋은 직장에 먼저 취업하고, 잘 나가는 다른 남자들과 어울리면 불안할 수도 있다. 여기까지는 정상 범위다. 그런데 〈선녀와 나무꾼〉 이야기도 아니고, 능력 없는 남자친구에게 실망해서 떠날까봐 임신을 시키려고 하는 건 자존감이 낮은 걸 넘어 위험한 집착이다. 사랑에 빠진 게 죄는 아니지만 책임지지 못하는 사랑은 폭력이고 죄가 될 수 있다. 이런 남자는 순수한 것이 아니라 이기적이다.

경제적, 사회적, 심리적으로 안정된 상태에서 결혼하고 사랑해서 아이를 가진 커플들에게도 아이를 낳고 키우는 것은 만만치 않은 일이다. 하물며 아직 취업도 못한 상황에서 일단 아이부터 낳고 결혼은 나중에 어떻게 해서든 하자는 마인드라면 솔직히 이런 커플이 행복하게 살 가능성은 높지 않다.

무엇보다 중요한 건 당신의 인생이다. 부모가 된다는 것은 단순히 아이가 생긴다는 것이 아니라 남은 인생을 희생하겠다는 의미와 같다. 여자 입장에서 보면 '포기'라는 단어가 맞을 정도로 많은 부분에서 희생을 해야 한다. 헤어질 것 같으니 아이부터 갖자는 말이 농담이기를 바란다. 만약 진심이라면 사랑을 지킨다는 핑계로 내 아이마저 도구로 쓸 수 있는 이기적인 남자라는 사실을 깨닫기 바란다.

버릴 남자 Point

여자친구를 자신에게 속박시키기 위해 임신(아기)을 도구로 생각하는 남자는 매우 위험한 남자다.

1. 여자친구가 나를 떠날 수 없도록 '임신을 시켜야 한다'는 남자는 순수한 것이 아니라 매우 폭력적인 남자다.

2. 영화 〈어벤져스: 엔드게임〉의 '타노스'도, 영화 〈배트맨〉의 '조커'도 따지고 보면 모두 순수했다. 신기하게도 인간이 악에 가까워질수록 순수해 보이는 함정에 빠진다. 이런 남자는 순수한 것이 아니라 자신이 추구하는 목적을 이루기 위해 무슨 짓이든 할 수 있는 사람이다.

3. 부모가 되면 남자는 어깨가 무거워지지만, 여자는 삶의 방향이 바뀐다. 사랑하는 커플이 준비된 상태에서 부모가 돼도 감당하기 어려운데, 아직 준비가 안 된 커플이라면 더욱 감당하기 어려울 것이다.

4. "With great power comes great responsibility(큰 능력에는 큰 책임감이 따른다)" 영화 〈스파이더 맨〉의 대사처럼 커플의 행동에도 큰 책임감이 따른다. 결혼이 great(거대한)한 책임이 따르는 것이라면 부모가 되는 건 infinite(무한)한 책임이 따른다. 인생을 희생할 정도의 각오가 필요한 것이 임신이다.

연애중독

"너무나 사랑해서...
나는 좋아하는 사람의 손을 너무 꽉 잡는다.
상대가 아파하는 것조차 깨닫지 못한다."

야마모토 후미오의 '연애중독'

상대를 너무 사랑해서
상대에게 너무 사랑받고 싶어서
사랑받지 못할 방법을 사용하는 사람들을 너무 많이 본다.

25 수다쟁이
말 많은 남자

Q. 남자친구가 잘 생겼거든요. 그런데 썸 탈 때 보니까 여자친구도 없고, 오래 사귀었던 여자도 없었더라고요. 그래서 사귀게 됐는데 사귀고 나서 바로 그 이유를 알았어요. 말이 너무 많아요. 보통은 여자친구들이 전화통화도 오래 하고 싶어 하고 남자들은 짧게 끝내고 싶어 한다는데 저희는 완전 100% 반대에요. 저는 1시간 정도 통화하면 더 이상 할 말도 없고 끊고 싶은데 남자친구는 저와 계속 이야기를 하고 싶어 해요. 사귄지 얼마 안 돼서 서로에 대해 더 알고 싶데요. 사실 말 많은 것도 문제지만 더 큰 문제는 목소리가 가수 김종국 씨 노래할 때처럼 가늘어요. 그래서 말이 더 많게 느껴지는 것 같아요. 친구들도 이런 부분들만 좀 고치면 좋은 사람이라고 잘 만나보라고 하는데, 제가 남자친구를 조금이라도 변하게 할 수 있을까요?

A. 결혼까지 본다면 말 많은 남자가 의외로 괜찮다

문제는 그때까지 가는 것이 힘들다는 것. 보통은 여자들이 남자들보다 하루에 더 많은 말을 한다. 신경학자 루안 브리젠딘(Louann Brizendine)이 저서 『The Female Brain(여자의 뇌)』에서 여성은 하루 평균 2만 단어를 말하는 반면, 남성은 7천 단어를 말한다고 했다. 감정과 기억 구성을 담당하는 뇌의 부위가 여성이 남성보다 더 크기 때문인데, 이런 이유에서 "여성은 감정 처리를 위한 8차선 고속도로를 가지고 있지만, 남성에게는 좁은 시골길 하나가 있을 뿐이다."라고 말했다. 말을 많이 하는 것은 건강에도 좋다. 스트레스가 줄어들고, 기억력이 좋아지며, 수명도 늘어나기 때문이다. 물론 당신 커플은 반대지만.

수다를 좋아하는 남자는 연애 상대로는 매력이 조금 떨어질지 몰라도 장기적인 관계에서 보면 과묵한 남자보다 오히려 괜찮은 상대다. 주변에 결혼한 언니들에게 물어보면, 그 이유를 알 수 있다. 과묵한 남자는 연애할 때는 든든해 보이지만 결혼하면 오히려 속 터지는 일이 많다. 말 없는 남자보다 함께 드라마를 보면서 수다 떨 수 있는 남편이 차라리 더 낫다는데 동의할 것이다.

왜 이렇게 남자친구 입장에서 변호를 하냐면 '말 많은 남자'가 나쁜 건 아니지만 고치기는 힘들어서 그렇다. 여자친구가 싫다고 하면 잠시 주의해서 말수를 줄이려 노력할 순 있겠지만 잠시뿐, 다이어트 뒤 요요현상이 나타나는 것처럼 수다모드로 곧 돌아올 거다. 다만, 수다는 노력

이라도 할 수 있는데 문제는 목소리. 연예인 김종국이야 근육도 많고 돈도 많으니까 커버가 되지만, 일반 남자의 목소리가 너무 가늘다면 가볍게 보일수도 있다. 그런데 심리학적 연구에 따르면 오히려 가는 목소리를 가진 남자들이 공격성이 낮고, 바람을 피울 확률도 적다고 한다.

마지막으로 한 번 생각해보자. 남자친구가 정말 잘 생겼고, 좋은 사람이라면 오히려 말이 좀 많고 목소리가 다소 가늘어서 당신에게도 기회가 온 것은 아닐까? 단기적으로는 매력이 떨어지지만, 장기적으로는 장점이 많은 남자다. 솔직하게 잘 이야기하면 노력은 할 남자이니 고민은 그 이후에 해도 충분하다.

버릴 남자 Point!

남자의 수다는 단기적으로는 단점이 될 수 있지만, 장기적으로는 장점이다.

1. 연애할 때는 저음의 목소리에 말 수가 적은 남자에게 끌릴지 모르지만 이모한테 물어봐라. 과묵해서 답답한 남자보다 말이 좀 많은 남자가 오히려 같이 살기 더 좋은 남자라는 것을 알게 될 거다.

2. 심리학자들에 따르면 인간은 험난한 세상으로부터 자신을 보호하기 위해 본능적으로 상대를 판단하려는 노력을 해 왔다. 목소리 역시 남자를 파악할 수 있는 중요한 힌트가 될 수 있다. 여자들은 톤이 낮고 허스키하며 크고 자신감 있는 남자의 목소리에 매력을 느끼지만, 사실 이런 남자들은 스스로를 높게 평가하는 기질이 있으며, 성적으로 왕성한 만큼 바람둥이 기질도 갖고 있다.

3. 연예인 노홍철처럼 말이 많은 남자. 이런 남자는 말이 많아서 신뢰감이 부족해 보이지만 말이 없는 남자보다 자신을 더 드러내고 표현하기 때문에 감추는 것이 적고, 약속도 오히려 잘 지키는 편이다. 자신에 대한 말을 많이 하는 남자가 자신에 대해 말을 적게 하는 남자보다 덜 위험하다.

26 짠돌이 남자친구
탕수육이 먹고 싶은 여자친구

Q. 27살 직장인이고 남자친구와 만난 지는 2년 됐어요. 단도직입적으로 이야기하면 남자친구가 너무 짠돌이에요. 완전 자린고비 수준이에요. 처음 만났을 때는 그냥 검소하구나 생각했는데 1년 쯤 지난 뒤부터 본색을 드러내더라고요. 문제는 자기 돈 안 쓰는 건 알겠어요. 그런데 왜 제 월급까지 관리를 하려고 하는지 모르겠어요. 결혼한 사이도 아닌데 제가 왜 남자친구 눈치 보여서 비싼 화장품 한 개도 못 사는 건지 억울해요. 심지어 중국집에 가서 탕수육도 함부로 못 시켜요. 제가 탕수육 엄청 좋아하거든요. 차는 당연히 없고 해외여행은 말도 못 꺼내봤어요. 제가 하도 답답하고 화가 나서 "아니 이렇게 돈 모아서 뭐하려고?"라고 따지면 "1~2년 후 쯤 우리 결혼할 때 현실적으로 돈이 필요하니까 미리 준비해야지. 너랑 꼭 결혼하고 싶어."라고 말하는데 듣기도 좋고 틀린 말은 아니지만 답답해요. 친구들은 남자는 좋아하는 여자에게 돈 잘

쓴다며 이건 뭔가 이상하다고 해요. 혹시 절 사랑하지 않는 걸까요? 융통성이라고는 없는 남자친구, 바꿀 수 있는 방법 없을까요?

A. 남자친구는 바꿀 수 있어도 남자친구의 스타일은 못 바꾼다

믿기 어렵겠지만 짠돌이는 장기 연애상대로 보면 의외로 괜찮은 남자다. 단기 연애상대로는 장점도 매력도 없는 짠돌이지만, 결혼 이후까지 바라본다면 오히려 장점이 될 수도 있다. 물론 탕수육도 아까워하는 남자와 누가 결혼까지 갈지는 모르겠지만. 연애할 때는 많은 남자들이 허세를 부린다.

한 후배가 학교를 졸업하고 바로 멋진 차를 샀다. 그 차를 끌고 다니면서 썸녀도 만들었다. 물론 꼭 그 차 때문은 아니었겠지만 연애 초반 그녀를 출퇴근 시켜주며 둘은 가까워졌고, 썸에서 연애로 발전했다. 그리고 결혼을 했다. 결혼하고 나서야 재수 씨는 깨달았다고 한다. 있는 집 아들처럼 보였던 그 남자가 사실은 빈털터리였다는 걸. 연애 하는 동안 받았던 좋은 선물, 함께 먹은 맛있는 음식, 즐거웠던 여행 등도 빚이고, 심지어 타고 다니던 차도 60개월 할부로 산 거였다.

비밀을 말해주면 그 녀석은 재수 씨 이전에 다른 여자를 만날 때도 좋은 선물을 해줬고, 여행가서 맛난 음식을 먹었다. 나한테 돈 펑펑 쓰는 남자가 다른 여자에게는 안 그랬을까? 여자에게 남자의 허세는 'MSG 조미료'와 같다. 몸에 안 좋은 줄 알면서도 자꾸 손이 가는 그런 감칠맛이

나는 남자랄까? 그래서 허세 부리는 남자들이 여자 문제로 엮일 가능성이 높은 것이다. 그런 측면에서 보면 오히려 짠돌이가 안정적인 셈이다. 결혼 후 아내들이 가장 속 섞는 3가지가 '돈', '술', '여자' 문제다. 재미있는 사실은 보통 이 3가지가 상호 관련이 있다고 보면 되는데, 술 많이 마시는 남자가 돈을 많이 쓰고, 여자 문제로 엮일 가능성이 높다. 이 중에서 가장 핵심이 돈이다. 돈이 없으면 술도 못 마시고, 놀지도 못하기 때문이다. 남자친구가 진정한 짠돌이라면 돈 때문에 문제 생길 걱정은 없다는 말씀.

물론 뭐든 적당해야 좋은 법. 본인이 열심히 아끼는 건 괜찮은데, 여자친구의 월급관리까지 끼어드는 건 과한 거고 집착이다. 그리고 연애할 때 탕수육 하나 먹는 것조차 눈치를 봐야 한다면 결혼 후에도 그럴 가능성이 높은데 자린고비도 아니고, 가치관 때문에 문제가 발생할 수 있다. 이 부분은 매우 중요하다. 처음부터 짠돌이는 아니었고 사귀고 1년 뒤부터 본색을 드러냈다면 연애 할 때 짠돌이처럼 굴면 이별 당한다는 것쯤은 남자친구도 알고 있을 것이다. 그러니 잘 대화하면 하와이 가는 건 무리겠지만 탕수육도 먹고 워터파크 정도는 갈 수 있을 것이다.

오지 않을 미래 걱정 때문에 탕수육도 못 먹고 다투고 싸우는 커플은 결국 헤어진다고 남자친구에게 꼭 알려주길 바란다. 만약 남자친구가 결혼 준비 때문에 탕수육 조차 부담스럽다고 끝까지 군만두만 먹으라고 권한다면, 결혼하고 나서도 15년 동안 군만두만 먹게 될 테니 다른 여자들처럼 냉정하게 판단해도 괜찮다.

버릴 남자 Point!

짠돌이는 연애상대로는 별로지만 결혼상대로는 의외로 괜찮다. 단, 자신이 아끼는 것을 넘어 여자친구의 월급까지 관리하고, 강요하는 것은 관점이 다른 문제다.

1. 아버지가 건물주가 아니라면 돈을 펑펑 쓰는 남자는 대부분 허세(빚)다. 연애할 때는 좋지만 결혼을 한다면 같이 갚아야 할 돈이다. 폼은 연애할 때 남자친구가 잡고, 돈은 같이 갚는 것이다.

2. 한 여성은 남자친구가 집이 있다고 좋아했었는데, 결혼 후 알고 보니 집값의 90%가 대출이었다. 좋은 집에 살고 있다고 꼭 현금이 많은 건 아니다.

3. 여자친구와의 데이트에서는 현실과 효율성을 강조하면서 정작 자신의 일상생활에서는 현실감도 효율성도 따지지 않는 이중적인 남자들이 있다. 이런 남자를 만나면 연애도 다큐멘터리가 된다.

27 생활습관

남자친구가 밥을 쩝쩝 거리고 먹어요

Q. 만난 지 6개월, 이제 남자친구의 단점이 보이기 시작해요. 약속을 하면 저보다 먼저 나오는 법이 없어요. 늘 20분씩 늦게 나와요. 저는 식사매너가 중요한데 남자친구는 밥을 먹으면서 '쩝쩝' 소리를 내요. 6개월을 만났는데, 이게 왜 이제 보이고 소리가 들리는지 모르겠어요. 그래서 너무 신기해요. 심지어 남자친구는 밥을 먹을 때 소리 나는 게 당연하지 뭐가 문제냐는 식이에요. 그러다보니 너무 싫은데도 괜히 싸우기만 하고 해결도 안 될 것 같아 '소리 그만내고 먹으면 안 돼?'라는 말을 못하겠어요. 그 밖에도 마음에 들지 않는 것들이 몇 개 더 있는데 구차해서 일일이 설명하기는 힘들고 제가 이대로 참고 만나야 할까요? 말을 꺼내야 한다면 어떻게 꺼내야 할까요?

A. 사랑의 콩깍지가 벗겨지는 시간

친구 중에 코를 엄청 심하게 고는 녀석이 있다. 학창시절 그 녀석과 잠을 잘 때는, 내 귀에 MC스퀘어(집중력을 키워주는 백색소음 학습기) 소리를 최대치로 켜 놓지 않으면 잠을 잘 수 없을 정도였다. 그런 녀석이 결혼을 했고, 어느 날 나는 제수씨에게 물어봤다. "아니 제수씨, 그 녀석 코 엄청 골아서 잠자기 힘들 텐데 괜찮으세요?" 그랬더니 제수씨가 말했다. "우리 남편이 코를 곤다고요? 한 번도 그런 적이 없는데?" 제수씨가 사랑에 귀가 먹은 것이 분명했다. 어느 덧 결혼 10년차가 훌쩍 넘은 요즘은 너무 시끄러워서 각방을 쓴다고 한다.

심리학에서는 사랑의 콩깍지가 벗겨지는 시간, 즉 사랑의 유효기간을 6개월에서 2년 6개월 사이로 보고 있다.(연구자에 따라 조금씩 차이가 있다) 중요한 것은 열정적인 사랑이 지나가면 동반자적인 사랑이 찾아오고, 처음에는 몰랐던 서로의 단점들이 보이기 시작한다는 점이다.

이때 중요한 건 상대는 원래부터 그런 사람이었다는 것이다. 내가 못 본 것이지 상대는 날 속인 적이 없다. 어떤 문제가 아닌 생활습관의 차이로 인한 '거슬림'은 안타깝게도 고치기 어렵다. 특히 밥을 먹을 때 소리가 나는 것처럼 본인이 잘못이라고 인지조차 못하는 습관을 고치기는 더 어렵다.

그럼에도 말은 해야 한다. 서로 다른 남녀가 만나면 생활습관의 차이로 인해 다툼이 생기는 것이 당연하고 이 다툼을 통해 서로의 다름과 차이를 파악 할 필요가 있다. 또한 서로에게 맞추는 법도 배우게 된다. 고로 나쁜 사람이 될까봐 다툼을 피하는 것은 바보 같은 짓이다. 이때 "왜 너는 밥을 쩝쩝 소리를 내면서 먹어?"라고 말하기 보다는 "밥 먹을 때 소리가 나니까, 내가 좀 신경이 쓰여"라고 살짝 말해보는 것이 좋다. 주어를 '너'가 잘못인 게 아니라 '내'가 신경이 쓰인다고 말하는 '아이메시지' 방법이다.

자기는 뭐가 문제인지 몰라도 상대가 신경이 쓰인다고 하니 식사 매너상 조심해 준다면 좋은 사람인 것이고, 그게 뭐가 문제냐는 식으로 나와 다투게 된다면 서로의 습관 차이를 확실하게 알게 되는 것이라 그 또한 의미가 있다. 이런 사소한 문제로 인해 바로 이별을 하지는 않겠지만, 나중에 다른 문제로 다툼이 생기면 이런 사소한 일들이 관계유지 여부를 판단함에 있어 영향을 미치게 된다.

버릴 남자 Point!

가수 션이나 배우 최수종 커플은 절대 싸우지 않는다고 한다. 연애 코치 입장에서 보면 그들은 이상적인 부부인 동시에 비정상이다. 커플이 다투는 것은 당연하고, 커플은 다툼을 통해 관계를 계속 이어나갈 수 있는 '서로의 대한 배려심'을 배우게 된다. 나도 모르게 하는 행동이 상대에게 상처를 줄 수 있다는 것은 다툼과 의견 차이를 통해서만 배울 수 있기 때문이다. 다툼을 너무 크게 생각하고, 피하기만 하는 남자는 좋은 남자가 아니다.

28 정치성향

남자친구와 정치성향이 너무 달라요

Q. 남자친구와 정치성향이 너무 달라서 고민이에요. 굳이 따지자면 저는 진보 쪽에 가까운데 남자친구는 보수에요. 신기한 게 우리나라에서도 보수를 지지하는데, 자기가 왜 미국 정치에서 트럼프를 그렇게 지지하는지 모르겠어요. 서로 생각하는 것이 다르니 정치이야기를 안하면 아무 문제가 없어요. 그래서 저는 좀 피하는 편인데 남자친구가 정치에 관심이 너무 많아요.

식당에서 밥을 먹다가도 정치 뉴스가 나오면 옆 테이블 모르는 아저씨들과 정치 이야기를 하고, 술 마시고 이동 중에 택시 기사님과도 정치 이야기로 말다툼을 하곤 해요. 애들도 아니고 굳이 왜 나와 상관없는 사람들하고 싸우냐고 말하면, 정치가 얼마나 중요한데 그냥 넘어가냐고 또 저랑도 싸우려고 해요. 배울 만큼 배우고 똑똑한 사람인데 정치 이야기만 나오면 왜 저렇게 바보 같아지는지 모르겠어요. 정치성향이 너무 다른 사람과도 잘 만날 수 있을까요?

A. 만날 수는 있지만 피곤하다

트럼프가 대통령이 되던 해, 미국 워싱턴 주에 사는 '게일 맥코믹'은 22년 간 함께 산 남편과 이혼을 했다. 그 이유는 남편이 트럼프 지지자였기 때문이다. 맥코믹은 이혼 한 이유를 이렇게 설명했다. "내가 하루 종일 나의 관점을 설명해야 하는 위치에 있고 싶지 않았다. 남은 평생을 그러면서 살고 싶지는 않았다." 좀 극단적인 사례겠지만 정치적인 성향은 단순히 지지정당이 다른 것을 넘어 그 사람의 정신세계와도 연관이 돼 있기 때문에 연인관계에도 영향을 미친다.

프랑스에서 했던 설문조사를 보면 응답자의 77%가 "파트너의 정치 성향 때문에 이별할 의향이 있다"라고 답했으며, 응답자의 75%는 "정치성향이 다른 사람과 관계를 오래 지속하는 것은 불가능하다"라고 답했다. 국내에서도 이런 조사를 한 적이 있었는데 한 결혼정보회사의 설문조사에 따르면 싱글남녀 응답자의 25.5%가 정치성향으로 인해 연인과 다툰 경험이 있다고 한다. 단, '정치성향이 다른 사람과 결혼할 수 있겠느냐?'는 질문에는 남자는 40.5%가 "결혼할 수 있다"라고 답한 반면, 여성은 36.8%가 "결혼 할 수 없다"라고 답해 눈길을 끌었다.

단순히 정치성향이 다르다고 이별하는 것은 말이 안 된다. 남자친구의 말처럼 정치는 우리의 삶과 매우 밀접한 연관이 있기에 시민들이 정치에 관심을 가지고, 정치인들을 감시하는 것은 올바르고 좋은 일이 맞다. 그러나 때와 장소, 상대를 가리지 않고 정치적인 분노를 표출하여 가까운 주변 사람들을 피곤하게 만드는 것이 정당화 되는 것은 아니다.

단순히 정치성향이 다른 것은 문제가 되지 않을 수 있지만, 정치 성향이 다른 사람을 만났을 때 상황을 가리지 않고 공격성을 보이는 것은 큰 문제다. 여자친구와 함께 있는데도 모르는 사람들과 정치로 논쟁을 벌이는 행동으로 인해 같이 있는 여자친구를 불편하게 만들고, 때로는 말리는 여자친구를 직접 공격하는 행동은 공감능력의 부족으로 인해 생기는 일이다. 정치뿐만 아니라 함께 생활하는 여러 상황에서 반복적으로 갈등이 발생할 확률이 매우 높다.

예외적으로 정치로 밥벌이를 하는 사람이라면 좀 더 이해를 하라고 하겠지만, 일반인이라면 본인은 물론 주변까지 참 피곤하게 만드는 스타일임이 분명하다. 이런 스타일은 논쟁을 즐기는 스타일이기에 바꾸지 못한다.

버릴 남자 Point!

정치 성향이 달라도 함께 살 수 있다. 그러나 자신의 정치 성향을 강요하는 과정에서 논쟁을 즐기거나, 타인을 피곤하게 만드는 사람은 공감능력이 부족한 사람이다. 이런 사람은 정치뿐만 아니라 다른 영역에서도 비슷한 패턴을 보이기 마련이다. 연인관계로 오래 가기에는 삶이 피곤해질 수 있으니 주의가 필요하다.

29 개룡남

자수성가한 남자친구에게
온 가족이 의지해서 부담스러워요

Q. 제 남자친구는 3남매 중 장남으로 자수성가 했어요. 부모님이 장남이라고 없는 살림에도 뒷바라지를 엄청나게 해주셨다고 해요. 사람 자체는 다정하고 따뜻해서 연애 상대로는 100점이에요. 그런데 결혼을 생각하면 50점도 주기 힘들어요. 가족들이 좀 부담스러워요. 여동생 시집도 남자친구가 보내야 하고, 남동생은 아직도 대학생인데 등록금을 남자친구가 내줘요. 동생들까지는 괜찮은데 부모님들이 뒷바라지에 대한 보상심리가 좀 있으세요. 생일 선물로 자동차를 사달라고 하시더라고요. 아들에 대한 프라이드도 엄청 강해서 한번은 우리 아들 못 만났으면 어떻게 살았을 거냐면서 만나주는 걸 고맙게 생각하라는 식으로 말씀하셔서 많이 서운했어요. 사실 저도 좋은 대학 나와서 벌만큼은 벌거든요. 그래서 5년을 사귀면서도 결혼을 머뭇거리고 있어요.
저희 집은 남자친구는 좋은데 남자친구의 집안 분위기를 탐탁지 않아하세요. 남자친구의 집에서는 제가 살림하고 아이 키우는 데 소홀히 할 것 같다고 생각하세요. 집에서는 결정하라고 하고, 남자친구는 자기만 믿으라는데 분위기 보니 제가 감당해야 할 것 같고. 이 남자랑 결혼하면 행복할까요?

A. '개룡남'을 부담스러워하는 부모들도 있다

평범한 집에서 자식 한 명만 너무 잘나면 온 집안이 그 사람만 쳐다봐서 부담스럽다나? 또 아들에 대한 프라이드도 높아서 당신의 남자친구 부모님처럼 서운하게 들릴 수 있는 말과 행동도 하고.

만약 내가 여자라면 결혼할 남자를 볼 때 큰 틀에서 세 가지를 볼 것이다. 첫 번째는 남자 그 자체다. 인성이나 외모, 나와의 관계 등을 볼 것이다. 두 번째는 능력, 결혼해 살아보니 경제력은 중요하다. 세 번째는 그 남자의 집안이다. 단순히 집안이 좋고 나쁨이 아니라, 어떤 분위기인지, 그 안에서 남자의 위치나 역할은 어떤지 등을 볼 것이다. 결혼하면 남자친구의 가족들도 나의 가족이 되고, 좋든 싫든 삶이 엮이게 되니까 이 부분도 매우 중요하다. 당신 같은 경우는 첫 번째와 두 번째는 100점이라고 했고, 세 번째는 50점이라고 했으니 평균으로 치면 약 80점 이상이다.

솔직히 이 남자와 결혼하면 1년 365일 중 둘이 있는 300일 정도는 행복하고, 65일 정도는 스트레스를 받을 거라고 보면 된다. 때 되면 돌아오는 명절 연휴, 생신, 각종 기념일 및 경조사 그 외 예상치 못한 가족 모임 및 방문 등으로 신경 쓰게 될 것이다. 날짜로 보면 1년 중에 2개월이라 괜찮을 것 같지만, 한 번에 받는 것이 아니라 한두 달에 한 번씩 스트레스 받을 일이 생긴다는 뜻이다. 생각보다 만만치 않다.

그런데 처음부터 안 만났다면 모를까? 5년을 만났는데 아직도 100점이라고 하는 걸 보니 남자친구를 사랑하는 마음이 느껴진다. 충분히 걱정할 만하고, 집안 분위기상 스트레스 받을 것도 어느 정도 확실하지만 전체적으로는 3가지 큰 조건 중 2가지가 괜찮은 남자라고 본다. 아직 결혼 이야기가 본격적으로 나온 건 아니니 미리 스트레스 받지 말고, 남자친구와 조율을 하길 바란다. 물론 조율대로 되진 않겠지만 잘 해보고, 그것이 생각대로 안 되면 이별은 그때 고민해도 괜찮다.

버릴 남자 Point

솔직히 '개룡'이라도 됐으면 다행이다. 문제는 남자가 아니라 그를 둘러싼 환경이기에, 조율이 필요하다. 자상한 남자친구는 어느 정도 여자친구를 맞춰 줄 것이다. 남자의 가족과 문제가 생겼을 때 믿을 건 남자 밖에 없기에 이는 매우 중요하다. 만약 환경도 문제고, 남자도 문제라면 이별은 그때 생각해도 된다.

연애 TIP _ 결혼 전 서로에게 물어봐야 할 질문 3가지

연애가 로맨틱 코미디 드라마라면, 결혼은 다큐멘터리다. 서로 사랑만 한다고 행복한 것도 아니고, 돈만 있다고 즐겁지도 않다. 365일 매일 얼굴 보고 같이 밥 먹는 사이가 되면 예상치 못한 일들로 갈등이 발생한다. 결혼이라는 다큐멘터리를 잘 촬영하기 위해서 서로에 대해 꼭 알아봐야 할 것들은 무엇일까?

첫째_ 경제 상황 및 관념에 대한 질문
부부는 경제공동체. 요즘이야 각자가 번 돈을 각자가 관리하는 커플들도 있지만, 함께 생활하고 아이를 키우면서 경제적인 문제에서 완전히 분리돼 살기란 어렵다. 특히 돈 문제는 부부 사이에도 매우 중요한데, 신뢰와 관계있기 때문이다. 그래서 결혼 전에 서로의 수입과 씀씀이에 대한 정보가 있어야 한다. 결혼 후 맞벌이에 대한 문제 및 저축 상황, 계획, 재테크 등과 관련된 서로의 생각을 공유해야 한다. 어떤 문제가 생겼을 때 사람들은 흔히 "내가 돈 때문에 이러는 게 아니고"라고 말하지만 사실은 돈 때문인 경우가 많다. 결혼생활에서도 마찬가지기 때문에 서로의 경제 상황 및 생각에 대해 알아야 한다.

둘째_ 자녀계획과 관련된 질문
아이를 가질 것인지 아니면 딩크족(Doulbe Income No Kids, 맞벌이면서 아이는 없는 부부)으로 살 것인지, 아이를 가진다면 언제 몇 명 정도를 가지는 것이 좋을지 등에 대해 이야기를 하면 좋다. 아이가 태어나면 생활에 매우 큰 변화가 생긴다. 육아 문제에 따라 맞벌이가 불가능해 질 수도 있고, 돈도 많이 들어가며, 양가의 가정에 미치는 영향도 크다. 물론 아이가 계획한대로

생기는 것은 아니지만 결혼 전 자녀 계획은 서로 시기를 맞춰놓는 것이 좋다.

셋째_가사분담과 관련된 질문

결혼 전에는 가사분담을 공평하게 할 것처럼 이야기 하지만, 여전히 현실에서는 많은 남자들이 집안일에 무임승차를 한다. 남자들은 실제 하는 일보다 자신이 더 많은 집안을 일을 하고 있다고 느낀다. 2020년 9월 정부가 발표한 통계에 따르면 부부가 맞벌이인 경우에도 여성의 1일 평균 가사노동 시간은 3시간 7분, 남성은 54분에 그쳤다. 외벌이인 경우는 새삼 말할 것도 없다. 재미있는 사실은 일과 가정의 양립이 중요하다는 인식은 과거에 비해 높아졌으나 실제 여성의 삶은 2014년과 비교해 가사노동시간이 3분 줄었을 뿐이다. 말로는 '평등'을 외치는 사람이 늘어났지만 실제 현실에서는 그렇지 않았다는 뜻이다. 결혼하면 대단한 일로 다투는 것이 아니라 설거지, 청소, 쓰레기 처리와 같은 사소한 일들로 다투게 되는 경우가 많기 때문에 한번쯤 서로에게 질문해 보면 좋다.

30 군대

고무신 거꾸로 신으면 나쁜 건가요?

Q. 남자친구가 삼수로 대학교에 입학했고, 계속 공부하느라 군대가 늦어서 27살인데 이제 군대 갔어요. 문제는 매일 같이 보다가 못 보니까 좀 힘드네요. 제가 너무 힘들고 외로워하니까 주변 사람들이 잘 챙겨주는데 그 중에서 회사 선배가 저를 잘 챙겨줘요. 몰랐는데 제가 남자친구 없을 때부터 저한테 마음이 있었데요. 사실 매일 같이 점심 먹고 하면서도 남자로 느껴본 적도 없었는데, 요즘은 자꾸 그 선배한테 의지하게 되는 게 사실이에요. 남자친구는 이런 제 마음도 모르고 전화해서는 '다가오는 빼빼로 데이에 빼빼로 가지고 면회 오라'고 해요. 얼마 전 학교 동기였던 친구가 결혼하는 걸 보니 마음속으로는 '내가 이 나이에 군대 간 남자친구를 기다리며 뭐하고 있는 건지.' 하는 생각도 들고 그랬어요. 군대 간 남자친구, 기다려야 하겠죠?

A. 큐피트는 화살을 가지고 있지만 멀리 날아가지는 못한다

사회학자 보사드가 한 말이다. 변하지 않고 계속 사랑한다면 더할 나위 없이 좋겠지만, 사람은 눈에서 멀어지면 마음에서도 멀어지는 법이다. 의지하던 사람이 어느 순간 옆에 없으면 다른 사람에게 의지하게 될 수도 있다. 냉정하게 말하면 남자가 군대에 가는 건 의무지만, 그것을 여자친구가 기다리는 것은 의무가 아니다. 군대 간 남자친구 입장에서 보면 냉정하게 들릴 수도 있고, 서운 할 수 있지만, 언제 누구를 만날 것인지는 개인의 자유다.

단, 이런 경우 마음이 변해서 헤어지는 것은 자유지만 남자친구에게 이별을 통보하는 것이 힘들어서 '환승이별'을 하거나 '양다리'를 걸치면 안 된다. 만약 누군가에게 진심으로 흔들려서 마음을 정리했다면 깔끔하게 남자친구와 현재 상황을 정리 한 후에, 시작해야 한다. 고무신을 거꾸로 신는 것은 전혀 욕먹을 일이 아니지만, 환승이별이나 양다리를 걸치는 건 이미 마음의 정리를 한 상황에서도 나쁜 오해를 받을 수 있다.

뜨겁게 연애할 때는 그 사람과 결혼까지 갈 것만 같은 착각에 빠지곤 한다. 그 순간은 이 사람과 영원히 행복하게 만날 것 같지만, 언제든지 변할 수 있는 것이 사람 마음이다. 따지고 보면 내가 누군가를 좋아하는 것도 내 의지대로 된 것이 아니듯, 누군가 싫어하는 것도 내 의지대로 되는 것이 아니다. 어느 순간 당신을 위한 어떤 결정을 내렸다면, 다른 사람들을 신경 쓰지 말고 당당하게 만나길 바란다.

버릴 남자 Point!

남자가 군대를 가는 건 의무지만, 남자친구를 기다리는 것은 의무가 아니다. 힘든 시간 함께 할 수 있다면 기쁘고 고마운 일이지만, 헤어졌다고 누굴 비난 할 것도 없다.

남자친구에게 의지하고, 남자친구만 목 빠지게 기다리고 있는 여자가 더 외로움을 타고, 오히려 외부의 유혹에 빠질 가능성도 높아진다. 군대 간 남자친구를 기다리는 가장 좋은 방법은 편지를 쓰는 것도, 매주 면회를 가는 것도 아니다. 그저 담담하게 내게 주어진 일상을 즐기며 행복하게 지내는 것이다. 그것이 시간을 가장 빨리 보내는 방법이다. 그렇게 시간이 흘러 제대하는 날이 오면 좋겠지만, 설사 기다리지 못해도 어쩔 수 없는 일이다.

첫눈에 빠지는 사랑?

"난 사랑이 이렇게 서서히 서로에게 물들어 가는 것인 줄 몰랐어. 다만 갑자기 어느 순간 눈 앞에 나타날 것이라 생각했었는데."

영화 '미술관 옆 동물원' 中

착한 여자가
나쁜 남자를 만든다.

Part 4

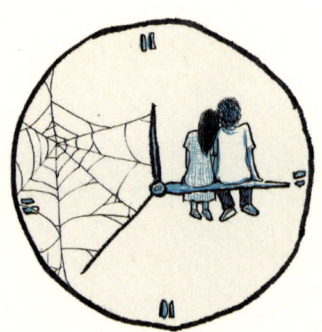

31 나이차이

25살 많은 남자친구

Q. 저는 21살이고, 남자친구는 회사 상사로 46살이에요. 제가 첫 직장인데 취직한지는 5개월 됐네요. 연애한 건 얼마 안 됐어요. 처음 봤을 때는 엄한 상사라 무서웠는데, 다른 사람들에게는 험한 소리도 많이 하는데 저에게는 유독 잘 해주셨어요. 늘 예쁘다고 하고, 여자친구 삼고 싶다고 하고 그러다가 문득 남자로 보이기 시작했어요. 함께 외근 나갔다가 결혼하셨냐고 물어보니 "나 진짜 깨끗한 싱글이야."라고 말하면서 동사무소로 데려가 서류까지 떼서 보여주더라고요. 그래서 제가 조금 마음을 보였더니 좋아하면서 적극적으로 다가왔어요. 그렇게 비밀 연애가 시작됐고, 얼마 전 명절 때는 남자친구가 자기 집에 인사드리러 가자고 해서 다녀왔어요. 남자친구 어머님이 엄청 좋아하시고 예뻐해 주시더라고요. 그런데 저희 집에는 아직 못 갔어요.

사실 남자친구가 직장 상사지만 돈이 많거나 인물이 좋거나 하지도 않아요. 집도 월세고 차도 없어요. 능력은 없지만 착하고 나만 사랑해주는 거 하나가 장점이죠. 남자친구는 연애가 너무 오랜만이라 그런지 벌써 저랑 결혼할 생각 만해요. 하지만 저는 어쩔 수 없이 남자친구 집에 인사를 가기는 했는데 너무 망설여져요. 나이차이가 너무 나서 친구들이나 주변에서 다들 미쳤다고 해요. 제가 정말 미친 걸까요?

A. 모든 거래에서 파는 사람이 너무 서두를 땐 더 신중하게 판단하는 것이 좋다

결혼을 고민할 정도로 착한 남자, 당신을 사랑해주는 남자를 만난 건 축하 할 일이지만, 연애코치 이명길이 아니라 내가 당신 '친오빠'라면 뭐라고 말을 했을까?

친오빠의 마음으로 말하는 3가지.

첫째, 과연 사랑일까? 21살에 처음으로 취직을 했다. 어린 나이기에 첫 직장생활은 참 힘들기 마련. 이 와중에 46살의 직장 상사가 잘해준다면 나라도 기대고 싶을 것이다. 그러나 과연 그것이 사랑일까? 당신이 회사를 이직해도 여전히 그 남자가 좋을까? 이 질문을 스스로에게 던져봐야 한다.

둘째, 그 남자와 연애하는 것까지 막고 싶지는 않다. 선택은 존중한다. 다만 몇 개월이나 만났다고 남자 집에 인사를 끌려가고, 결혼을 이야기

하는지 솔직히 남자 입장에서 봐도 뭔가 불안하다. 중고차를 사려는데 파는 사람이 너무 급하게 팔려는 그런 느낌? 무슨 거래를 하든지 파는 사람이 지나치게 서두르면 사는 사람은 더 신중해져야 하는 법이다. 복잡하게 고민할 필요 없이 딱 1년 만 더 연애하고 결혼은 그 다음에 생각하길 바란다. 앞으로 1년이 지나도 당신 나이 겨우 22살. 남자가 뭐라고 해도 꼭 1년은 더 만나보고 생각하길 바란다.

셋째, 냉정하게 보자. 밤 10시에 마트 문 닫기 전에 우유를 사러 가 보면, 대부분 남아 있는 우유들은 유통기한이 짧거나 누군가가 떨어뜨려서 모서리가 움푹 들어가 있는 제품들만 남아 있다. 남자친구 나이가 46살이다. 그는 자랑스러워서 '혼인관계증명서'를 보여줬을지 모르지만, 그 나이까지 싱글이라면 다 이유가 있는 것이다. 온라인 쇼핑몰에서 노트북 하나를 살 때도 가성비를 따지고, 구매 후기 꼼꼼하게 살펴본 다음에 사는 법. 사람도 마찬가지다. 연애할 때도 신중해야 하지만 결혼은 더 신중해야 한다.

나는 "다른 사람들에게는 험한 소리도 많이 하는데"라는 당신 말이 자꾸 마음에 걸린다. 지금은 당신이 하염없이 예쁘고 사랑스러워서 잘해주겠지만 사실은 다른 사람에게 험한 소리하는 그 모습이 그 남자의 본모습일 확률이 매우 높다. 1년 만 더 연애하면서 그 남자에 대한 평판을 알아보길 권한다. 직장생활과 가정생활은 연결된 부분이 많다. 일할 때의 성격과 일 처리 능력, 평판조회를 반드시 해보길 바란다.

버릴 남자 Point

1년 정도는 알아보고 난 후 결혼해도 늦지 않다. 그 시간을 못 기다려 서두른다면 그 또한 무언가를 감추려고 서두르는 것이다.

1. 상대가 지나치게 결혼을 서두른다면 일단 멈추고 신중하게 상황을 점검해 보는 것이 좋다. 연애도 결혼도 지나치게 급하면 문제가 생길 소지가 높다.

2. 타인에게 하는 행동이 언젠가 나를 대하는 태도가 된다. 그 모습이 그 사람의 본성이기 때문이다. 지금은 나에게 잘 보여야 하기에 잘 해주지만, 익숙해지면 회사사람들을 대하듯 나를 대하게 될 것이다.

3. 조금 과하게 보면 사연을 들으면서 '가스라이팅(gaslighting)'이란 단어가 떠올랐다. 가스라이팅이란 연극 '가스등(Gas Light)'에서 유래한 단어로 타인의 심리나 상황을 조작해 타인에 대한 통제능력을 행사하는 것을 말한다. 연극 〈가스라이트〉에서는 아내가 자신의 현실인지 능력을 의심하게 되면서 판단력이 흐려지고 점차 남편에게 의존하게 된다.

연애 TIP_ 연애코치가 알려주는 권태기 예방 데이트 방법

사랑이 밥 먹여주지 않는다. 자존감을 높여줘서 사회생활에 도움이 되기도 하지만, 사랑 그 자체가 밥은 아니다. 비효율적인 연애가 즐겁지만 언제까지나 할 수 없는 이유다.

연애에는 '돈'이 필요하고, 즐겁고 기억에 남는 데이트를 위해서는 '더 많은 돈'이 필요하다. 그래서 뜨거웠던 사랑은 현실과 균형을 맞추고, 설레는 감정만큼 익숙한 감정이 찾아온다. 이때 많은 커플들이 사랑이 식은 것은 아닐까 생각하지만 이는 자연스러운 현상이다. 이처럼 연애가 언제까지 비효율적일 수 없다면 효율적이면서도 기억에 남는 데이트 방법을 찾으면 된다.

학창 시절 친했던 친구들과의 모임을 생각해보자. 학창 시절에는 매우 친했지만 사회에 나온 다음에는 직장동료만큼 자주 보지는 못한다. 그럼에도 옛날 친구를 만나 수다를 떨면 즐거운 이유는 '함께 경험한 추억'이 있기 때문이다. 마찬가지로 커플도 무언가를 함께 '체험'하면서 '공감대'를 형성하면 좋은 관계를 오래 유지하는데 도움이 되고, 권태기를 예방하는데 도움이 된다. 무조건 비싼 음식을 먹고, 좋은 곳을 가는 것이 중요한 것이 아니다. 포인트는 '처음'이다.

첫째_안 먹어본 음식을 먹어본다.
사람들은 변화를 추구하지만 막상 행동으로 옮기기는 쉽지 않다. 매일 먹는 점심도 익숙한 곳에서 먹고, 아이스크림 하나도 새로운 것을 선택하길 주저한다. 데이트는 그 자체가 먹는 것이라 할 정도로 '먹기'와 관련이 깊다. 가끔 한 번도 안 먹어본 음식에 도전하는 것도 추억을 만드는 데 도움이 된다. 알

아보면 흔하게 먹을 수 있는데 의외로 안 먹어본 음식들이 많다.

나의 경우에, 연애 시절 아내는 바닷가재를 한 번도 먹어본 적이 없었다. 그 당시 스테이크와 바닷가재 꼬리를 패키지로 파는 메뉴가 처음 등장해서 사주었다. 비록 꼬리뿐이었지만 아내는 처음으로 바닷가재를 먹어봤고, 지금도 바닷가재를 보면 내 생각이 난다고 한다. 베트남 샌드위치인 '반미' 역시 내가 처음으로 사주었는데 가끔 그때 내가 사준 반미가 먹고 싶다고 한다.

직접 맛집을 찾아가는 것도 매우 좋다. 그 자체가 목적이 되고 여행도 되기 때문이다. 김밥천국에서 먹는 전주비빔밥이 아닌 진짜 전주에서 먹어보는 전주비빔밥, 휴게소에서 먹는 호두과자가 아닌 천안 원조 호두과자의 맛은 어떨까? 안 먹어본 음식을 먹는 것은 그 자체로 추억을 만드는 데이트가 된다.

둘째_안 가본 장소를 간다.
데이트를 해보면 의외로 활동 반경이 넓지 않음을 알 수 있다. 추억을 만들고 싶다면 낯선 장소를 가보는 것도 좋다. 남들 다 가 본 놀이동산이나 워터파크, 남산타워 등도 안 가봤다면 좋다. 폐 목욕탕을 음식점으로 만든 곳도 좋고, 눈앞의 사람조차 보이지 않는 암전 레스토랑도 좋다. 사람은 낯선 장소에서는 타인에게 의지하는 경향이 있다. 새로운 경험도 하고, 추억도 만들 수 있으며, 서로 의지하면서 애정도가 높아지는 건 덤이다.

셋째_안 해본 활동을 한다.
새벽 등산, 배드민턴 같은 운동도 좋다. 운동처럼 함께 땀 흘리며 목표를 공유하는 행동은 추억을 넘어 없던 애정마저 생기게 만든다. 봉사활동, 김치 담그기 등도 좋다. 이처럼 처음 하는 것을 경험하는 것은 소중한 추억이 되고, 그 자체가 대화의 소재가 된다. 연예인들이 예능소재를 얻기 위해서 일부러 힘든 여행을 가듯 말이다.

예시는 예시일 뿐이니 각 커플에 맞는 데이트를 하면 된다. 키포인트는 '처음'이다. 함께 처음으로 먹고, 보고, 활동 하는 것을 경험한다면 관계도 좋아지고 권태기도 예방하는데 도움이 될 것이다.

32 연상연하

연하의 남자를 만날 때 봐야 할 2가지

Q. 저는 32살이고 남자친구는 27살로 5살 차이가 나요. 저는 회사를 다니고 남자친구는 내년 2월에 졸업해요. 아직 취업은 못했고요. 만난 지 1년 됐어요. 처음 만났을 때는 문제없었는데 요즘은 남자친구가 뭔가 자존감이 떨어진 것 같아요. 제가 곧 33살이 되다보니 결혼 생각을 안 한다면 거짓말인데, 남자친구가 그걸 알아서 최근 자기는 준비가 하나도 안 돼 있어서 미안하다는 말을 자주 하네요. 저도 부담 안주려고 노력을 많이 하는데, 그래도 부담이 느껴지나 봐요. 얼마 전에는 '더 좋은 사람 만나'라고 하더라고요. 그런 소리 하지 말라고는 했는데, 주변에서도 사실 많이들 말려요. 현실적인 이유로 헤어진 연상연하 커플이 여럿 있더라고요. 결혼한 선배 하나는 여자가 어린 남자랑 결혼하면 아들 둘 키우는 거랑 같다고도 하고. 사람은 좋은데 현실적으로 어려움이 있다 보니 솔직히 흔들리네요.

A. 연하의 남자를 만날 때 봐야 할 2가지

20대 때는 연하남이 "내가 막노동을 뛰어서라도 누나 하나 못 먹여 살리겠어? 나만 믿어"라고 자신 있게 말하면 그 말을 믿어줄 수 있다. 20대 때는 현실감이 조금 떨어지는 연애를 하더라도 인생에 엄청 큰 영향을 미치지는 않기 때문이다. 그러나 30대가 되면 알게 된다. 막노동을 뛰어도 먹고 사는 것이 만만치 않다는 사실을. 비로소 '현실감'이라는 것이 생기는 것이다.

30대가 되면 누굴 만나는지 그 자체가 중요해진다. '연애는 타이밍'이라는 말이 있다. 25살 때 누군가를 100% 사랑해서 그 사람과 결혼하겠다고 다짐을 해도 실제로 결혼으로 이어 질 확률은 높지 않지만, 32살 때 누군가를 만나면 그 사람을 70% 정도만 사랑하더라도 결혼까지 할 확률이 훨씬 높아지게 된다. 30대에는 '누구'를 만나는지도 중요하지만 '언제' 만나는지도 중요하게 된다는 뜻이다. 30대에 누굴 만나는 것이 복잡하고 현실적인 이유다.

그럼 주변 사람들의 걱정처럼 연상연하 커플은 부정적일까? 진화론적 관점으로 보면 부정적이지만 다음 2가지만 충족한다면 오히려 연하의 남자가 연상의 남자보다 훨씬 더 좋은 점들이 많다.

첫째 연하남의 의지
솔직히 말해서 당장 능력이 부족하면 의지라도 있어야 한다. "내가 막노동을 뛰더라도 누나는 꼭 행복하게 해주겠다."라는 그런 의지 말이다. 아직 학생에 미래도 불확실한 상황, 본인이 흔들리는 것만큼 여자 친구도 흔들릴 수 있다. "나만 믿어"라고 당당히 말해도 불안한데 "나는 부족하니 더 좋은 남자 만나"라고 말한다면, 그와 함께 불확실한 미래를 극복하기 어렵다.

둘째 연하남의 미래

연하남은 능력이 부족해 보일 수도 있지만, 다르게 보면 '원석'이기도 하다. 꿈이 있고, 의지가 있고, 최선을 다해 사는 연하남이라면 평범한 연상의 남자보다 미래에는 더 멋진 남자가 될 수 있다. 현실에서는 다소 부족하더라도 미래가 밝게 보이는 연하남은 연상의 남자보다 더 멋진 남자다.

"연하의 어린 남자와 결혼하면 아들 둘 키우는 거랑 같다."는 결혼한 선배의 조언은 반만 맞는 말이다. 연상의 나이 많은 남자를 만나도 어차피 똑같기 때문이다. 결혼한 부부들의 연애상담을 해보면 차라리 연하의 남자가 경제적인 면에서만 어느 정도 받쳐준다면 가사 분담이나 육아와 양육, 커뮤니케이션 측면에서 연상의 남자보다 장점이 더 많다.

버릴 남자 Point!

어차피 연하의 남자는 드라마에 나오는 '실장님'이거나, 아버지가 '건물주'가 아닌 이상, 현실에서는 연상의 남자보다 능력이 떨어지는 게 당연하다. 따라서 연하의 남자는 당장의 능력보다 어떤 어려움도 극복할 수 있는 의지와 미래에 대한 확실한 신념이 있어야 한다. 이것이 없으면 불확실한 미래 때문에 본인도 여자친구도 흔들릴 수밖에 없다. 이런 면에서 "나는 부족하니 더 좋은 남자 만나라."는 식으로 말하는 의지 없는 연하남을 만나는 여자는 흔들릴 수밖에 없다.

연애 TIP_ 여성 연상 커플의 장점과 진화론의 진화

"잠깐 만나는 거지. 오래 가겠어?" "생각이 없어서 그러는 거지" 이렇게 보는 사람들이 많았지만, 어느덧 결혼하는 커플 100쌍(2019 통계청 혼인통계) 중에 여성 연상 커플이 17.5명으로 동갑 커플 15.7명보다 더 많아졌다.

사실 여성 연상 커플은 진화론적 관점에서 보면 진화론에 역행하는 돌연변이다. 미국의 진화심리학자 '데이비드 버스' 박사가 전 세계 37개 문화권을 대상으로 했던 연구에 따르면 남성은 평균 2.5세 어린 여성과 결혼을 원했고, 여성은 3.5세 연상인 남성을 배우자로 선호했다. 진화론은 이 결과를 번식의 관점에서 보고 있는데, 남자는 아이를 건강하게 잘 낳을 수 있는 젊은 여성을 선호하고, 여성은 자신과 아이를 잘 보호해 줄 능력 있는 남성을 선호했기 때문이라고 해석했다.

그러나 대한민국에서는 2014년 여성 연상 커플(16.2%)이 동갑 커플(16.1%)보다 많아진 이래, 여성 연상 커플이 해마다 증가추세다. 지난 10년의 통계를 봤을 때 진화론이 진화하고 있는 것이다. 이런 여성 연상 커플의 증가는 순간의 트렌드로 끝날까? 왜 여자들이 연하의 남자에게 끌리는 것일까?

첫째_결혼은 선택

결혼은 선택이다. 마음에 드는 사람이 있어서 하면 좋지만, 결혼을 위한 결혼을 할 필요는 없다. 불과 10년 전만 하더라도 이런 말을 하면 뭔가 시대를 앞서가는 느낌이었지만 이제는 결혼이 선택이라는 생각이 일반적이 됐다. 통계청에 따르면 결혼이 선택이라는 응답이 남성48%, 여성은 무려 62.4%에

이르는 것으로 나타났다. 결혼이 선택이 되다보니 꼭 결혼을 생각하지 않는 다면 상대적으로 젊고 멋진 연하의 남성과의 연애도 한결 수월해진 셈이다.

둘째_여성의 고학력과 경제독립

여성의 고학력과 경제독립으로 인해 연하의 남성을 선택할 수 있는 가능성이 높아졌다. 여자의 입장에서 보면 여전히 가부장적 느낌이 남아있는 연상의 남자보다 한결 대화가 잘 통하는 연하의 젊은 남성을 선택할 수 있게 된 것이다. 능력 있는 남자가 어린 여자를 당당하게 만나듯, 능력 있는 여자도 어린 남자와 살 수 있는 시대가 왔다.

셋째_가부장적 책임에서 벗어나려는 남자들

과거 남자들이 돈을 벌어오는 대신 소파에서 리모컨을 들고 있었다면, 리모컨 대신 청소기를 드는 현명한 남자들이 늘고 있다. 남자 입장에서는 자존심을 조금 버리고 현실적인 편안함과 가정의 행복을 얻는 것이고, 여자 입장에서는 가부장적 책임을 부담하는 만큼 집안에서의 영향력이 높아지는 '빅 딜'이 성사된 것이다. 그리고 여성 연상 커플에서 이런 빅 딜이 좀 더 편하게 이루어진다.

넷째_연상연하의 생리학

단순히 경제적, 가사분담 등의 이유를 떠나 사실 성적인 차원에서도 남자가 연하인 것이 장점이 더 크다. 일반적으로 남성의 경우는 20대, 여성은 30대 초반을 최고의 컨디션으로 보는데, 남성이 연상인 경우 결혼 후 30대에 결혼을 한 커플이 약 10년 차가 되면 남성의 성적 능력이 급격하게 떨어지게 된다. 부부관계가 부부관계에 얼마나 중요한지는 새삼 설명할 필요가 없다는 점에서 행복한 부부관계를 오래오래 유지하고 싶다면 남성이 연하인 것이 훨씬 유리하다고 볼 수 있다.

물론 이런 현상을 사회적인 트렌드로 해석하는 사람들도 많다. 여전히 결혼하는 커플 100쌍 중에 67명(66.8%)이 남성 연상 커플이며, 남성은 기본적으로 자신보다 학력과 직업이 부족한 여성을 편하게 생각하고, 여성은 여전히 자신보다는 좀 더 학력과 직업이 괜찮은 사람을 만나고 싶어 하는 경우가 많기 때문이다. 그럼에도 여성 연상 커플은 이런 전통적 진화론을 비웃듯 조금씩 증가하고 있다. 이런 진화론의 역행을 환영한다.

33 술

남자친구의 음주습관,
어디까지 이해해도 괜찮을까?

Q. 남자친구가 술을 너무 좋아해요. 친구 만나서 마시고, 회사 일이라고 마시고, 축구 본다고 마셔요. 기분이 좋다고 한 잔하고, 기분이 나쁘다고 한 잔하고, 누구 위로해야 한다고 한 잔 하고. 특별한 일이 없으면 이상한 핑계를 만들어서라도 일주일에 4일 이상은 꼭 마셔요. 남들은 술보다 술자리를 좋아해서 그렇다고 하는데, 남자친구는 술 자체를 좋아해요. 한 번 마시면 소주 3병 정도씩은 마신다고 하는데, 그게 뭐가 자랑인지 남자가 그 정도는 마셔야 사회생활을 한데요. 문제는 술을 마시면 취해서 연락도 잘 되지 않아요. 지난번에는 공원에서 잠든 적도 있어요. 주말이었으니 다행이지 회사도 못 갈 뻔 했어요. 한 번은 저희 2주 년이라 일요일에 뮤지컬 공연을 보기로 했었는데, 토요일에 술을 너무 많이 마셔서 늦게 나오고, 숙취 때문에 컨디션이 안 좋아 그날 데이트도 망쳤어요.

제가 30대고, 벌써 2년 넘게 만나서 결혼까지도 생각하는데 솔직히 술을 너무 좋아해서 걱정이에요. 남자친구는 자기는 원래 이런 사람이고, 다른 건 모두 저에게 맞추겠는데, 사람들 만나고 술 마시는 건 고칠 자신이 없다고 대놓고 이야기를 해요. 오히려 자기는 솔직한 사람이라며 당당해요. 다른 건 다 괜찮은 남자인데 술을 많이 마시고, 습관이 안 좋은 남자친구 무슨 방법이 없을까요?

A. 결혼한 여자들이 가장 많이 스트레스 받는 문제 중 하나가 남편의 음주 문제다

술을 많이 마시면 건강 문제, 돈 문제, 가정에 소홀해지는 문제 등 여러 가지 문제가 발생할 가능성이 높아지기 때문이다. 술을 마시지 말라고 말하면 남자들은 마시고 싶어 마시는 것이 아니라 사회생활 때문이라고 변명을 한다. 그런데 왜 꼭 술을 마셔야 친해지고, 비즈니스를 할 수 있는 것인지는 모르겠지만 사회생활에서 일정부분 필요한 것도 사실이다.

남자친구의 과도한 음주, 어디까지 세이프(Safe)고, 어디부터 아웃(Out)일까?

연애 할 때 남자친구의 '음주문제' 어디까지가 결혼해도 괜찮고, 어디부터는 결혼하면 인생 고달파지는 수준일까? '술을 일주일에 얼마나 먹느냐?' '몇 병이나 마시느냐?'도 중요하지만 가장 먼저 봐야 할 것은 '술이

일상생활에 나쁜 영향을 미치는가?'다. 술자리가 많더라도 직장생활이나 연애에 문제가 없고, 건강도 잘 챙기고, 스스로 음주도 컨트롤을 한다면 걱정하지 않아도 괜찮다. 반면에 술을 마시면 연락이 안 돼 걱정을 끼치거나, 다음날 일정에 영향을 미치거나, 돈 문제, 폭력 문제가 발생한다면 이것은 음주 습관이 나쁜 것이고 고치기 힘들다. 연애할 때부터 이런 습관이면 결혼하면 더 심해 질 것이다.

버릴 남자 Point!

술을 마셔도 연애, 사회생활, 건강 등에 아무 문제가 없다면 이건 내가 보기 싫을 뿐이지 나쁜 것은 아니다. 그러나 술을 마시면 문제가 생기는 줄 알면서도 통제를 못한다면 아웃이다.

1. 술자리가 잦더라도 커플 사이에 연락이 잘 되어 걱정하지 않게 하고, 직장생활 깔끔하고, 스스로 건강 잘 챙기는 남자라면 결혼해도 된다.

2. 술이 그날로 끝나지 않고, 다음 날 연애나 직장생활 등에 영향을 미치도록 마신다면, 그것을 알면서도 술 마시는 걸 좋아하는 남자와 엮이면 내 인생도 취하게 된다.

3. 돈 문제, 건강 문제, 여자 문제, 폭력 문제 등 남자의 인생에서 발생하는 예상하지 못한 나쁜 사건 사고는 술과 깊은 관련이 있다. 결혼한 여자들이 남편의 음주 때문에 힘들어하는 이유다.

연애 TIP_ 여자가 술 마실 때 꼭 알아야 할 음주상식 5가지

첫째_ 알코올은 인체의 지방에 쉽게 흡수된다. 여성은 남성에 비해 지방의 비율이 높고, 수분은 오히려 적은 편이다. 따라서 남자와 여자가 똑같이 소주 1병씩을 마시더라도, 신체적으로 보면 여성의 몸이 남자보다 더 많은 알코올을 흡수하게 되는 셈이다. 즉 여자가 더 많이 취한다.

둘째_ 여성은 남성보다 알코올 분해효소가 부족하다. 알코올 분해효소가 부족하면 알코올 성분이 완전히 분해되지 않아 간 기능 장애를 유발할 수 있다. 여성의 음주가 몸에 더 위험한 이유다.

셋째_ 알코올 분해 효소의 양을 감안하면 여성이 마시는 술 1잔은 남성이 마시는 술 2잔과 같다. 같은 양을 마시더라도 여성이 더 빨리 취하며 숙취도 더 오래 간다. 적어도 술자리에서 만큼은 남자와 똑같은 양의 술을 마시는 것이 평등하다고 믿는 건 바보 같은 짓이다.

넷째_ 술을 마셨을 때 이성이 멋져 보이는 효과를 '비어고글(Beer Goggle)' 효과라고 한다. 실제로 술을 마시고 이성을 보면 술을 마시지 않았을 때보다 이성적으로 끌린다고 한다. 캐나다 레이크헤드 대학교 연구팀에 따르면 여자가 술을 마시면 남자의 외모를 판단하는 능력이 더 떨어진다고 한다. 여성이 술을 마시면 남성의 얼굴 대칭성을 판독하는 능력이 떨어졌다고 한다. 남자들이 당신에게 술을 권하는 이유 중 하나다.

다섯째_ 연구에 따르면 남자는 술을 마신 후 여자에게 매력을 느꼈다가도 술이 깨면 다시 제정신으로 돌아오는 반면, 여자는 술을 마시고 남자와 엮이

게 되면 술이 깬 다음에도 그 남자에 대한 비어고글 효과가 유지됐다고 한다. 맨 정신에 남자를 골라도 실수하는데, 술김에 남자와 엮이는 바보 같은 짓은 하지 말자.

34 친절한 예비 시어머니
와이셔츠 빨래 과외

Q. 이제 두 달 뒤면 결혼합니다. 집도 구했고, 사실 이사까지 다 마쳤어요. 둘 다 자취했는데, 기존 집 보증금을 빼서 맞추려다보니 결혼하기 전에 같이 살게 됐네요. 같이 살면서 결혼 준비를 하는데 둘 사이는 너무 좋아요. 남자친구가 아닌 남편이 된다고 생각하니 이제 내 사람이다 싶어 연애할 때와는 또 다른 기분이 드네요. 문제는 시어머니가 아들을 너무 사랑해요. 시어머니 집이 한 시간은 걸리는 거리인데도, 일주일에 한두 번은 오시는 것 같아요. 심지어 남자친구가 없는 날에도 연락 없이 오시는 경우도 있어요. 아들 집에 오는데 무슨 연락을 하고 오냐며 오셔서는 요즘 젊은 사람들은 살림을 할 줄 몰라서 걱정된다며 청소하고, 음식 만드는 방법을 다 가르쳐 주세요. 저도 자취생활이 몇 년인데. 어제는 와이셔츠 목에 때 없애는 법을 가르쳐 주시면서 저한테도 한 번 해보라고 하시더라고요. 시어머니께는 뭐라 할 수 없어서 분위기 맞춰

드리고, 남자친구 퇴근했을 때 이야기를 했더니 웃으면서 혼자 살 때도 가끔 오셔서 해주셨다며 좋은 분이니 전화도 자주 드리고 친해지면 잘 해주실 거라고 너무 신경 쓰지 말라는데 어떻게 신경이 안 쓰이나요? 그래서 엄청 서운했어요. 시어머니가 앞으로 점점 더 심해지면 어쩌죠?

A. 효도도 셀프, 자식 사랑도 셀프

신기하게도 결혼 전에는 부모님에게 전화도 잘 안하고, 딱히 효자는 아니었던 남자들이 결혼하면 효자 코스프레(Costume Play의 줄임말)를 하는 경우를 자주 본다. 효도는 좋은 거지만 왜 아내 손을 빌려서 하려는지 모르겠다. 어머니가 듣고 싶은 건 아들 목소리일 텐데 왜 아내보고 안부 전화를 하라고 하는지 이해가 안 간다.

나는 결혼 12년 차 인데 우리 집만의 룰이 있다. "각자의 고향 집에서는 각자가 일을 한다."라는 규칙이다. 예를 들면 결혼하고 나서 우리 집안의 제사와 차례는 내 책임이다. 그래서 아내에게 이렇게 말했었다. "우리 집안 제사를 왜 당신이 차려?" 아내가 기분 좋게 조금 도와주면 고마운 거지. 장보고, 준비하고, 설거지하고, 청소하고 다 내 일이고 내 책임이다. 그래서 고향 집에 가면 아이들이 나를 '명데렐라'(명길+신데렐라)라고 부른다. 반대로 처가댁에 가면 아내의 책임이라 나는 손에 물을 묻히는 대신 스마트 폰을 든다. 그래서 나에겐 처가댁이 천국이다.

본론으로 돌아와서 이 문제를 해결할 수 있는 유일한 사람은 당신 남편이 될 남자다. 식도 올리지 않은 예비부부가 다투는 건 좋지 않지만, 의견충돌이 있더라도 더 늦기 전에 지금 당신이 신경 쓰고 있고 고민하는 부분들을 솔직하게 이야기를 해야 한다. 결혼 전이라 참고 넘어가면 나중에 살다가 다른 일로 다투게 됐을 때 서운했던 감정이 모두 복받쳐 터져 나오게 될 것이고, 그럼 더 큰 싸움으로 번지게 된다.

결혼은 자취가 아니라 새로운 가정의 탄생이고, 신혼집은 두 사람만의 공간이다. 언제 누가 불쑥 찾아올지 몰라 늘 신경 써야 한다면 마음이 편할 리 없다. 시어머니가 최소한 연락은 하고 와 주시는 게 맞고, 살림이나 청소 등이 시어머니 기준에 조금 미흡하더라도 그건 두 사람의 문제고 라이프스타일 이다. 시어머니가 간섭 하실 일이 아니다. 그리고 와이셔츠가 걱정되면 며느리가 아니라 아들에게 세탁과외를 하는 것이 맞다.

남편 될 남자가 공감능력이 있고 현명하다면 당신 앞에서는 당신 편을, 어머니 앞에서는 어머니 편을 들 것이다. 만약 두 사람이 동시에 있다면 '아내 편'을 드는 것이 맞다. 부모 자식 간에는 아무리 다퉈도 헤어질 일이 없기 때문이다. 반대로 아내와는 심각하게 다투면 끝이 날 수도 있으니 서로 조심할 건 조심해야 한다.

만약 지금처럼 "나도 우리 어머니를 말리지 못한다."라고 말한다면 무책임한 남자 만난 당신 인생에 빨간불이 들어온 거라고 보면 된다. 다툼을 피하지 말고 남자친구가 이 문제를 어떻게 해결하는지를 잘 봐야 한다. 함께 살 그 남자가 당신의 '남편'이 될지, '남의 편'이 될지 알게 될 것이다.

버릴 남자 Point

너무 착한 아들이 나쁜 남편이 된다.

1. 좋은 남편은 고부갈등 등 집 안의 갈등을 조절할 수 있는 권한과 의지를 갖고 있다. 만약 그렇지 않다면 결혼 후, 가족문제로 피곤해 질 일이 많이 생긴다.

2. 아내와 어머니 사이에 갈등이 생겼을 때 어머니 편을 드는 남자는 '효자'가 아니라 '멍청한' 남자다. 어머니와는 어떤 갈등이 있어도 풀 수 있지만, 아내와는 갈등이 깊어지면 가족이 해체되기 때문이다.

3. 아이러니하게도 부부는 서로 잘못하면 헤어질 수 있다는 생각을 해야 서로 존중하고, 이해하려고 노력하게 된다.

35 거짓말 (1)

절대 용납해선 안 되는 거짓말의 종류는?

Q. 결혼을 전제로 만나고 있는 남자친구가 거짓말을 했어요. 부모님이 공무원이시고 연금도 나오시기 때문에 부모님 걱정 없이 자기만 잘 살면 된다고 결혼해서 행복하게 살자고 했어요. 그런데 알고 보니 부모님이 공무원도 아니고 연금도 없더라고요. 어차피 남자친구를 보고 만난거지 부모님의 직업은 크게 의미를 두지 않았지만 결혼까지 생각했던 남자가 이런 거짓말을 했다는 것이 충격이에요. 남자친구는 저에게 잘 보이고 싶은 마음에 그랬다며 미안하다고 하고, 다른 건 진짜 모두 사실이라고 용서해 달라고 하는데 어쩌면 좋을까요? 남자친구가 좋기는 좋아요. 유쾌하고 재밌고. 그런데 좀 걱정되는 것도 맞아요. 마지막으로 한 번 믿고 결혼해도 괜찮은 걸까요?

A. 한 방송사가 성인남녀 10명을 대상으로 거짓말 실험을 했다

그 결과 한 사람이 1일 평균 3번의 거짓말을 했다고 한다. 주로 약속 시간이 늦었을 때 차가 막혔다고 하거나, 받기 싫은 전화를 받지 않으면서 미팅 중이라고 말하는 등 곤란한 상황을 피할 때 했단다. 세상에 거짓말을 안 하는 사람이 어디 있을까? 부부사이 조차 100% 정직할 수 없는 법이니까. 그런데 거짓말 중에서도 절대 해서는 안 되는 거짓말이 있다. 바로 가족에 대한 거짓말이다.

남자친구의 부모님이 공무원인지 아닌지, 연금이 나오는지 안 나오는지 결혼생활에 있어서 중요하지 않다고 한다면 거짓말이겠지만, 여기서 중요한 포인트는 남자친구가 여자의 마음에 들기 위해 부모님의 직업과 환경까지 거짓말을 했다는 것이다. 이 거짓말이 위험한 이유는 자기 자신에 대한 거짓말을 넘어 가족들에 대한 거짓말까지 하는 사람은 양심의 기준이라는 것이 보통 사람들과 다르기 때문이다. 돌려 말하지 않으면 '사기꾼' 기질이 있는 거다.

"가족에 대한 거짓말을 하는 사람은 사기꾼 기질이 있는 사람이다"

남자가 아무리 봐도 173cm 정도인데, 구두 굽까지 포함해서 177cm이라고 한다거나, 실제 실 수령 연봉은 4,000만 원 정도인데, 세금과 영혼까지 끌어 모아 5,000만 원 가까이 된다고 말하는 정도는 거짓말이라기보다 '과장' 정도로 이해할 수도 있다. 여자친구에게 '넌 쌩얼이 더

예뻐'라고 말하는 건 거짓말이 아니라 '센스'고, 어제 친구들과 술 마셨으면서 피곤해서 일찍 잤다고 하는 건 거짓말이지만 논쟁의 여지라도 있다. 그러나 가족에 대한 거짓말을 하는 남자는 그 사기꾼 기질을 못 고친다. 이런 남자와 결혼한다면 늘 마음 한 구석에 불신이 자리를 잡을 것이다. 그가 거짓말을 들킬 때마다 "내 이럴 줄 알았어."라며 스스로를 불행하게 만들 것이 분명하다.

버릴 남자 Point

상대에게 잘 보이기 위해 가족을 파는 남자는 목적을 위해서 무슨 행동이든 하는 위험한 남자다. 사기꾼이니 피하는 것이 좋다.

1. 거짓말을 잘하는 남자와의 데이트는 즐겁다. 그들은 상대의 마음에 들기 위해 마음에 없는 거짓말도 서슴없이 하기 때문이다.

2. 키를 구두 굽 포함한 cm로 말하는 것은 '과장'이고, 여자친구가 영화배우 송혜교보다 예쁘다고 말하는 건 '센스'다. 이것도 거짓말이기는 하지만 인생에 치명적인 문제를 야기하지 않는다.

3. 세상에 거짓말을 하지 않는 사람이 없다지만 가족을 팔정도의 거짓말을 하는 사람과는 즐겁게 만나면서도 마음 한 구석이 늘 불안하다. 어디부터 어디까지가 진실인지 늘 의심되기 때문이다. 한 번 무너진 신뢰는 원래대로 복구가 불가능하며, 함께 살면서 "내가 이럴 줄 알았어."라는 후회를 할 일이 많아진다.

36 거짓말 (2)

봐줘도 되는 거짓말의 종류는?

Q. 1개월 만난 남자친구가 사소한 구라(?)를 쳐요. 본인은 거짓말인지도 모르는데 저는 분명 잘못된 거라고 생각해요. 예를 들면 페이스북(페북)에 대한 이야기를 하다가 무슨 기능에 대해 이야기를 해줬더니, "와 나는 그런 게 있는지 몰랐는데, 넌 대단하다"라고 하더라고요. 그런데 남자친구의 페북을 보면 그 기능을 사용해서 글을 올리고 있거든요. 또 한 번은 모기가 있는데 잡지 않고 있는 거예요. 그래서 왜 모기를 안 잡느냐고 했더니 불쌍해서 안 잡는데요. 그러고 넘어갔는데, 얼마 전 남친 집에 갔을 때는 모기를 보더니 전기 모기채로 잡는 거예요. 그래서 "오빠, 모기 불쌍해서 안 잡는다며?"라고 했더니 사실은 불쌍해서 안 죽인 게 아니라 전기 모기채가 없어서 못 잡았다고 하더라고요. 남자친구는 매번 이런 별 거 아닌 일로 거짓말을 해서 사람을 화나게 해요. 제가 이런 남자친구를 이해해줘야 하는 것인지, 아님 제가 과민반응을 보이

고 있는 것인지 냉정하게 듣고 싶습니다.

A. 『우리는 10분에 세 번 거짓말한다』

로버트 펠드먼의 책 제목이다. 30년 동안 일상 속 속임수를 연구해 온 저자는 실험을 통해 사람들이 평균적으로 10분에 세 번의 거짓말을 한다는 사실을 밝혀냈다. 커플 사이에는 신뢰가 중요하다. 그러나 신뢰가 중요하다는 말이 언제 어떤 상황에서나 100% 솔직해야 한다는 뜻은 아니다. 이 세상 모든 커플이 서로에게 100% 솔직하다면 정말 모두가 행복해질까? 반대로 모두 이별을 할 것이다. 거짓말 자체는 좋은 것이 아니지만 위 사례의 거짓말 같은 경우는 좋다 나쁘다를 판단하기 보다 '어떤 거짓말'인지 '왜 그런 거짓말을 했는지'등을 살펴봐야 한다.

남자친구의 행동은 여자친구의 비위를 맞추기 위한 일종의 '아부'다. 거짓말이긴 하지만 상대를 속여서 어떤 이익을 얻기 위한 것이 아니라 상대와 잘 지내기 위해 하는 거짓말이다. 예를 들면 페북의 기능을 모른 척 한 것은 여자친구가 아는 것이 많다는 것을 느끼게 하기 위한 리액션이다. 모기의 경우는 아마도 그렇게 말하면 여자친구에게 좀 더 인간적으로 보일 수 있었을 거란 기대를 했던 것으로 보인다.

물론 남자친구가 여자친구의 비위를 맞추거나, 잘 보이기 위해 '아부'를 하는 것이 너무 쉽게 걸려 버린 것은 안타까운 일이다. 연인 사이에 거짓말을 하는 건 잘못이 맞지만 남자친구가 다른 종류의 거짓말은 하지 않고, 예로 든 페이스북이나 모기와 같은 작은 거짓말이라면 이건 사회생활에서 하는 일상적인 거짓말 수준으로 봐도 무난하다. 커플이 행복하게 연애하기 위해서는 넘겨야 할 건 넘기는 지혜도 필요하다. 물론 이는 제3자의 생각이고, 본인이 생각할 때 도저히 "불쌍해서 모기를 못 잡는다"라는 말을 이해할 수 없다면 그건 당신 선택이다.

버릴 남자 Point

상대의 비위를 맞추기 위해 '아부'하는 것은 때로는 거짓말이 될 순 있지만 치명적이지도 않고, 오히려 인간관계나 연애에 긍정적인 부분도 있다.

1. 나쁘게 말하면 거짓말이지만, 좋게 말하면 남자친구가 여자친구의 감정을 먼저 생각한다는 뜻이다. 여기서 문제는 그것이 많이 서툴다는 것. 의도는 좋았지만 말과 행동이 다른 것이 너무 쉽게 걸린다는 점에서 여자친구가 화가 날 만 하다.

2. 긍정적으로 보면 여자친구에게 '아부'를 한다는 것은 그만큼 여자친구가 관계적으로 우위에 있다는 뜻이다. 페이스북의 기능을 알면서도 모른 척 한 것은 여자친구가 더 대단하게 보이게끔 일종의 '아부 리액션'를 한 것이다.

3. 커플이 오래 연애하다보면 다툴 일들이 많다. 행복한 커플은 싸워야 할 때와 피해야 할 때를 잘 구별하며 다투고, 화해하며 서로 맞춰 간다.

연애 TIP_ '조만간 술 한 잔 해요'라는 남자. 과연 진심일까?

소개팅을 나가 마음에 드는 사람을 만날 확률은 약 20% 내외, 5번 나가면 1번 정도 괜찮은 사람을 만난다는 뜻이다. 이는 단순히 계산하면 이성 10명이 길을 걸어가면 그 중 첫 눈에 호감을 끌 정도로 괜찮아 보이는 사람이 2명 정도에 불과하다는 뜻이다. 그럼에도 많은 남자들이 소개팅에 나오면 자신도 모르게 "언제 술 한 잔 해요.", "언제 또 봐요." 등의 말을 한다. 여자들은 남자의 언제 보자는 말을 믿지만, 대부분 그런 말들은 빈 말인 경우가 많다. 과연 남자들의 '빈 말'을 어떻게 구별해야 할까?

여자들은 꼭 친하지 않은 사람들끼리도 밥을 같이 먹거나 수다를 떨 수 있는 능력이 있지만, 아쉽게도 남자들에게는 그런 사교적인 능력이 부족하다. 여자들은 10년 만에 길에서 우연히 만난 친구와도 전화번호를 교환하고, 언제 밥을 먹자고 약속을 한 후 실제 만나서 밥을 먹는 것이 전혀 이상하지 않다. 반면 남자들은 학생 때 친분이 있었을지라도 10년 만에 우연히 길에서 만난 친구와 인사도 하고 명함도 교환하고 "우리 언제 술 한 잔 하자."는 말도 할 수 있지만, 실제 만남으로 이루어지는 것은 여자보다 어렵다.

사회생활을 하는 남자들이 가장 흔하게 사용하는 '빈 말' 중 하나가 바로 "우리 언제 소주 한 잔 해요."다. 예를 들어 명길 과장이 모임에서 만난 다른 회사 김 과장에게 "김 과장님 우리 언제 소주 한 잔 해요."라고 말하고 술 약속을 잡지 않는다고 김 과장이 "어떻게 술 한 잔 하자고 하고 연락을 안 할 수가 있어?" 이렇게 생각하지 않는다. 남자들의 문화에서 "언제 소주 한 잔 해요."는 지키면 좋은 그러나 안 지켜도 그냥 그러려니 하는 인사말 같은 거라고 보면 된다.

문제는 이런 남자들의 언어를 소개팅 등에서 여자에게 쓸 때 발생한다. "우리 언제 소주 한 잔 해요." 만약 여성 입장에서 상대가 조금이라도 마음에 있다면 그것을 '호감'의 표시나 '다시 만날 약속' 등으로 오해하기 쉬운데, 남자는 관심 있는 여성에게는 '언제 술 한 잔 해요.' 라는 표현을 사용하지 않는다.

남자는 반드시 만나야 하는 약속을 잡을 때는 '언제' '조만간' '시간 되면' '연말 지나기 전에 꼭 한번' 등의 표현을 쓰지 않는다. 언제 볼지도 모르는 애매한 표현 보다는 "이번 주말에 맥주 한 잔 해요." "다음 주 목요일 저녁에 뭐하세요?" 처럼 특정 날짜를 정해서 물어본다.

남자가 '언제' '다음에' 등의 표현을 넣어 보자고 할 때는 그냥 별 기대 없이 흘려들으면 된다.

37 낮은 자존감

명품만 좋아하는 남자친구

Q. 남자친구가 명품을 너무 좋아해요. 솔직히 능력이 있으면 상관 안 하겠는데, 집도 평범하고 본인도 평범한 회사를 다니는데 옷도 지갑도 신발도 꼭 브랜드를 따지고 비싼 물건이 좋은 거라고 생각해요. 자기만 그런 거면 상관 안 하겠는데 남들이 무슨 구두를 신고, 시계를 차는지 따져요. 그러고 보니 학력이나 사는 지역도 따지고 그러네요. 강남 살면 대단한 사람이고 뭐 그런. 이런 남자는 어떻게 생각하세요?

A. 자존감이 낮은 남자

명품이나 고가의 물건을 자랑하기 좋아하는 남자는 겉으로는 당당하게 굴어도 사실 자존감이 낮은 남자다. 본인이 능력이 있어서 명품을 쓴다면 모르겠지만 무리를 해서 '남들이 명품이라 부르는 비싼 물건'을 무조건 선호한다면, 당당한 척 하는 겉모습과 달리 자신의 가치를 비싼 옷이나 신발 등으로 드러내고 싶은 것이다. 이런 스타일의 남자는 새로운 것에 도전하기 보다는 남들이 인정해 준 것을 따라가고, 브랜드나 그 사람의 학력, 사는 지역 등으로 사람을 판단하며, 타인의 시선에 지나치게 예민하다는 특징을 갖고 있다. 일종의 관종(관심종자의 줄임말)이라 볼 수 있다.

사람들은 크든 작든 저마다의 열등감을 가지고 있기 마련이다. 열등감 자체가 나쁜 것은 아니다. 오히려 이 열등감을 성공을 향한 에너지로 쓰는 사람들도 많다. 다만 당신 남자친구는 열등감을 성공을 향한 에너지가 아니라 사람들을 차별 하는데 쓰는 것 같아 안타까울 뿐이다. 남자친구 자체가 나쁜 사람은 아니지만 명품에 대한 사대주의(주체성 없이 큰 세력을 복종하고 섬기는 의식)가 있는 사람이다. 먼 미래까지 함께 보고 있다면 이런 부분도 생각하면서 만나길 바란다.

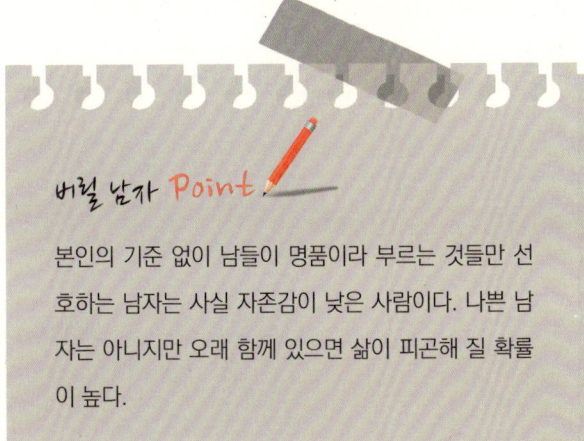

버릴 남자 Point!

본인의 기준 없이 남들이 명품이라 부르는 것들만 선호하는 남자는 사실 자존감이 낮은 사람이다. 나쁜 남자는 아니지만 오래 함께 있으면 삶이 피곤해 질 확률이 높다.

연애 TIP_ 남자들이 스스로 잘 생긴 줄 아는 이유 3가지

언젠가 친한 친구와 해장국을 먹고 있는데, 뜬금없이 친구가 내게 물었다. "야 솔직히 네가 내 친구가 아니라 연애코치 입장에서 말이야 나 정도면 괜찮지 않냐?" 내가 말했다. "네가 나에게 원하는 게 진실이냐? 우정이냐?"

진심으로 대부분의 남자들은 자기 자신이 그리 못나지 않았다고 생각한다. 이리 말하면 겸손한 척이고, 실제로는 "나 정도면 괜찮지." 혹은 "내가 그래도 내 친구 OO보다는 낫지"라고 생각한다. 서로가 "내가 다른 사람은 몰라도 너 보다는 낫다."라고 생각한다. 도대체 왜 남자들은 스스로 잘 생겼다고 생각할까?

첫째_ 외모가 '생명체'인 수준일지라도 스스로 잘 생겼다고 생각하는 것이, 못생겼다고 생각하는 것보다 연애에 성공할 가능성이 높다. 진화론적 관점에서 보면 '착각의 자신감'이다. 근본 없는 자신감 즉 '근자감'일 수 있지만, 스스로 잘 생겼다고 믿음으로서 여자에게 더 적극적으로 다가갈 수 있고, 여자 입장에서는 적극적으로 다가오는 남자에게 마음을 줄 확률이 높아지기 때문이다.

둘째_ 남자의 외모 자신감은 남자의 경제력과 정비례한다. 연구에 따르면 연봉 2,000만 원을 받는 남자보다 연봉 5,000만 원을 받는 남자가 외모만족도가 더 높았다. 경제적인 능력은 '매력의 요소'일 뿐, 그 자체가 '멋진 외모'의 증거가 아님에도 불구하고 남자들은 경제적인 능력이 높을수록 스스로 잘 생겼다고 믿었다.

셋째_ 모든 것은 익숙해진다. 학교나 사회에서, 처음에는 관심 1도 없었던 사람이 자주 보다보니 익숙해져 의외로 괜찮게 느껴졌던 이성이 한 번쯤은 있었을 것이다. 자주 보면 정든다는 말은 사실이며, 신기하게도 이는 자기 자신에게도 적용된다. 비 호감이었던 연예인도 TV에서 자주 보면 정이 들고 괜찮아 보이는데, 하물며 살아온 시간만큼 매일 보는 내 얼굴은 얼마나 익숙할까? 남자가 자기 자신을 사랑하는 이유가 있다.

외모 자신감이 높은 남자를 만나면 좀 재수없어 보일 순 있지만 위험한 건 아니니 걱정하지 않아도 된다. 자신감을 넘어 자만심에 취해 심성에 문제가 있는 것이 아니라면 자존감이 낮은 남자보다 적당한 착각의 자신감이 있는 남자가 괜찮은 남자다.

38 남녀의 친구사이

여사친과 해외여행 다녀 온 남자친구

Q. 남자친구에게 아주 친한 여자사람친구(여사친)가 있어요. 10년 넘게 아주 친하게 지내온 사이라고 해요. 남자친구와 사귀고 나서 얼마 있다가 알게 됐는데 처음부터 엄청 거슬렸어요. 하지만 여사친이 남자친구도 있었기 때문에, 친하게 지내도 어느 정도 이해하고 넘어갔는데 헤어지고 나서부터는 여간 거슬리는 게 아니에요. 이해 안가는 일이 한두 번이 아니에요. 주말에 여자친구 있는 남자가 왜 여자친구를 두고 여사친과 밥 먹고 커피를 마시나요? 밤에 술 마시고 전화해서 부른다거나 저와 같이 있는 걸 알면서도 전화를 한다거나. 그런데 남자친구는 또 그걸 받네요. 하도 열 받아서 아무리 친구라도 정도는 지켜야 하는 거 아니냐고 말하면 절대 그런 사이 아니라고 오래전부터 알고 지냈는데 정말 남자인가 싶을 정도로 말이 잘 통하는 친구 사이일 뿐이라고 해요. 한 번은 남자친구 전화기에서 옛날 사진을 봤는데 저 만나기 전에 둘이

베트남으로 여행도 다녀왔더라고요. 저랑은 사귄지 1년이 넘었는데 아직 해외여행은 이야기조차 한 적이 없거든요. 순간 너무 불쾌해서 엄청 싸웠는데 남자친구의 여사친 떼어낼 방법 없을까요? 그리고 제가 이걸 계속 받아줘야 하는 건가요? 남녀가 친구사이가 가능하긴 한 건가요?

A. 숙주가 있는 한 기생체는 제거하지 못한다

물론 나와 사귀기 전 일지라도, 해외여행을 같이 다닐 정도의 여사친이 있는 건 신경 쓰이는 것을 넘어 충분히 기분 나쁠 수 있는 일이다. 어떻게 보면 멀리 있는 구 여자친구보다 바로 옆에 붙어 있는 여사친이 더 거슬리는 게 당연하다. 그러나 안타깝게도 그들이 서로 우정이라고 주장하는 이상 여자친구도 그녀를 떼어낼 방법이 없어 보인다. 그 여사친를 떼어낼 유일한 방법은 남자친구가 직접 떼어내는 것 뿐이다.

남녀의 친구사이에 정답은 없다. 누군가는 가능하다고 하고, 누군가는 불가능하다고 한다. 논란의 여지가 있지만 '연애학적 관점'에서 보면 '남녀의 친구사이는 가능 하지만 불완전한 관계'다. 학교나 회사, 동아리나 조모임 등 일반적인 상황에서는 남녀가 친구로 만날 수 있지만, 예상치 못한 돌발 상황이나 변수가 생겼을 때 둘 중 한명이 선을 넘을 수 있는 가능성이 있다는 뜻이다. 저녁에 술을 함께 마시거나, 여행을 함께 떠나거나, 어느 한쪽이 힘든 일이 생겼을 때 위로를 해주는 등 이런 돌발 상황에서 '변수'가 생길 수 있다는 뜻이다. 바로 이 '불완전함'이 많은 사람들이 남녀의 친구사이를 인정하지 않는 이유다.

남자친구에게 여사친 때문에 화를 내는 것이 자존심이 상할 수 있지만, 본인이 느끼는 감정 그대로 남자친구에게 말을 해야만 한다. 화를 내고 싸우라는 것이 아니라 여자친구 입장에서 그것이 어떻게 보이고 들리는지 말을 해야 한다. 그럼에도 남자친구가 그 문제를 공감하지 못하고, 여사친과의 거리두기를 못한다면 남은 건 '선택' 뿐이다.

솔직히 여사친 때문에 여자친구에게 화를 내고, 단둘이 해외여행까지 다니는 사이임을 감안할 때 남자친구가 여사친을 정리할 것 같지 않다. 계속 연애를 한다고 해도 이 문제가 계속 당신을 신경 쓰이게 하고, 당신을 이상한 사람으로 만들 것이다. 정신적으로 감당하기 어렵다면 이쯤에서 그만두는 게 맞다.

버릴 남자 Point

단둘이 해외여행을 다녀올 정도의 여사친이라면 여자친구 입장에서는 충분히 신경이 쓰일 만 하다. 더 큰 문제는 여사친의 존재가 아니라 그 때문에 여자친구가 느끼는 감정에 대해 남자친구가 전혀 공감하지 못한다는 것이다.

1. 공감능력이 부족한 남자와 연애를 하면 문제가 생길 때마다 내가 오히려 이상한 사람이 된다.

2. 남녀의 친구사이는 가능하지만 불완전한 관계. 평상시에는 친구가 가능하지만 예상치 못한 돌발 상황이 발생하면 둘 중 한명이 선을 넘을 수 있다.

3. 남자친구의 여사친은 여자친구가 정리할 수 없다. 파트너에게 아주 가까운 이성친구가 있다는 것을 알았다면 자존심 때문에 참고 있다가 폭발하기 보다는 그 순간 자신이 느끼는 바를 솔직하게 이야기해야한다.

4. 일반적으로 여자는 남녀의 친구사이를 인정하는 비율이 높은 반면, 남자는 남녀의 친구사이를 부정하는 비율이 높다. 여자는 상대방이 어떤 마음이든 자신은 상대를 친구로 생각하며, 그 관계를 컨트롤 할 수 있다고 믿지만, 남자는 여자친구는 믿어도

그녀에게 '친구' '선배' '오빠'라며 다가가는 남자들을 믿지 못하기 때문이다.

5. 일반적으로 연인이 허용하는 여사친과 남사친의 허용 범위는 다음과 같다.
   - 나를 만나기 전부터 알고 지냈어야 한다.
   - 공적인 일로 만나는 것은 괜찮다.
   - 모임처럼 여러 명이 어울리는 건 인정한다.

6. 여자가 남사친이 많다는 건 성격이 좋다.(라고 쓰고 잘 받아주는 타입이라고 읽는다.)

7. 남자가 여사친이 많다는 건 적극적이다.(라고 쓰고 잘 들이대는 스타일이라고 읽는다.)

사랑 지상주의자

영화배우 공효진:
"너도 사랑 지상주의자네?
사랑은 언제나 행복과 기쁨과 설렘과 용기만을 줄 거라고?"

영화배우 조인성:
"고통과 아픔과 슬픔과 절망과 불행도 주겠지,
그리고 그것들을 이겨낼 힘도 더불어 주겠지."

드라마 '괜찮아 사랑이야' 中

39 썸

유부남과의 썸

Q. 제가 몇 년 만에 썸타는 남자가 생겼어요. 여자 마음도 잘 알고, 멋진 남자인데 한 가지 큰 문제가 있어요. 유부남이에요. 그래서 주변에 연애 중이라고 당당하게 밝히지를 못하고 있어요. 친한 친구들 몇 명만 알아요. 그 사람은 일찍 결혼해서 결혼한 지 5년 정도 됐고 아이는 없어요. 그리고 들어보니 아내와 사이가 좋지 않아요. 아내에게 문제가 정말 많더라고요. 지금 회사에서 중요한 시기라 아내에게 말을 못했는데 중요한 시기만 넘기면 아내에게 이혼하자고 말할 거라고 해요. 그리고 저와 함께 하자고 했어요. 저는 그 사람을 믿어요. 그런데 제 베프(Best Friend의 줄임말) 중에 베프가 미쳤냐며 반대를 해요. 사실 만난 지 얼마 되지는 않았지만 전 이 사람과의 사랑에 대한 확신이 있어요. 그런데 친한 친구가 축하해주지 않으니 마음이 심란하네요. 연애코치 입장에서 솔직히 말해 주세요.

A. 연애지상주의자

결혼이 인생의 필수라고는 생각하지 않지만, 연애는 하는 것이 좋다고 생각한다. 사랑에 금기가 없다는 말에도 공감한다. 누구나 어떤 사랑이든 선택할 자유가 있고 그 사랑에 대한 책임도 본인이 지는 것이니까. 그런데 사랑이라고 해서 모두가 다 축복해주는 건 아니다. 오히려 남들이 반대하는 연애를 하는 커플일수록 마치 로미오와 줄리엣처럼 서로가 더 애틋하게 느껴질 수도 있다. 이 세상에 오직 우리 둘 밖에 이해하지 못하는 사랑을 하고 있는 느낌, 안타깝고 불편하면서도 한편으론 그런 '미친 사랑'이 부럽기도 하다. 만약 당신이 만나는 그 유부남이 정말 당신 마음과 같다면.

만약 내가 여자인데 어느 멋진 유부남이 질척거린다면 마냥 설레지 않고, 그의 달콤한 말과 행동들이 진심인지 확인할거다. 만약 그가 홍상수 감독급 마인드 정도 돼서 여자친구와 찍은 사진을 당당하게 인스타그램에 올리고, 당신을 주변 사람들에게 '여자친구'라고 당당하게 소개한다면 보기는 안 좋아도 인정한다. 그러나 당신과 있을 때 아내 욕이나 하는 남자라면 나는 의심할 것이다. 나라면 유부남이 다가왔을 때 이걸 먼저 물어봤을 거다.

"지금 오빠가 나에게 하는 말들, 내가 언니한테 전화해서 말해도 괜찮아?"

잠깐 놀려고 접근했던 남자들은 성욕마저 싹 사라질 멘트다. 저 말을 듣고도 흔들림 없이 여자에게 구애한다면 할 말이 없다. 사랑하는 남자에 대해 이런 말해서 미안하지만 남자는 멀티를 하더라도 본진을 버리는 경우는 매우 드물다. 특히 조강지처 두고 바람피우는 남자는 더 조심할 필요가 있다. 무엇이든 한 번은 어렵지만 두 번은 쉬운 법이다. 만남의 과정은 신뢰에도 영향을 미쳐서 만나는 동안 또 바람을 피울지 불안해 진다고 할까? 마치 드라마 〈부부의 세계〉에서 박해준이 아내 김희애를 배신하고 한소희와 바람을 피우지만, 한소희 역시 계속 불안감을 느끼고 결국에는 박해준이 김희애와 잠을 잔 사실을 알게 돼 이별을 하는 것처럼 말이다.

언제까지일지도 모르는 바쁜 일만 끝내면 아내를 버리고 당신에게 오겠다는 그 유부남도, 처음 아내와 만났을 때는 당신에게 하는 것처럼 달콤했을 것이다. 당신의 사랑이 잘 되길 정말 바라지만, 설사 이 사랑이 잘 되더라도 당신이 욕하는 그 여자가 당신의 이야기가 될 수 있다는 걸 기억하길 바란다.

버릴 남자 Point!

유부남이 질척거리면 고민 없이 이렇게 말해라. "지금 저에게 보내신 카톡, 아내 분에게 보내도 괜찮나요?" 홍상수 감독급 마인드가 아니라면 일반 유부남들은 성욕마저 사라질 것이다.

1. 지금 아내와 사이가 안 좋아 곧 정리하고 내연녀에게 오겠다는 남자들의 대부분은 거짓말이다. 남자 입장에서 바람을 피우는 것과 가정을 버리는 것은 차원이 다른 문제다. 정 믿고 싶다면 '나중'이 아니라 '지금 당장' 정리하고 오라고 해라.

2. 여자에게 잘 보이겠다고 같이 사는 아내의 욕을 하는 남자를 믿는 것 자체가 아이러니다. 목적을 위해 가족을 파는 남자는 언제나 신뢰의 대상이 아니다. 그도 처음에는 아내에게 한 없이 달콤했을 것이다.

3. 여자친구가 있거나, 아내가 있으면서도 바람을 피우는 남자는 믿지 말라고 한다. 설사 그 남자와 잘 되더라도 나 역시 상처 받게 될 확률이 매우 높기 때문이다.

연애 TIP_ 파트너의 바람을 확인할 수 있는 질문

2016년 강동우 성의학 연구소가 라이프 매거진 헤이데이와 공동으로 발표한 '한국판 킨제이 보고서'에 따르면 한국 성인 남성의 50.8%가 외도 경험이 있다고 응답했다고 한다. 반면 성인 여성은 9.3%만이 외도 경험이 있다고 답했다. 50대 이상을 보면 수치가 더 높아진다. 50대 이상의 경우 남자는 53.7%, 여자는 9.6%가 외도 경험이 있다고 했다. 일생 동안의 외도 상대자 숫자는 더 충격적이다. 남자는 평균 12.5명, 여자는 4.3명으로 나타났다고 한다. 이런 외도 비율은 나이가 어릴수록 상대적으로 낮고, 연령대가 높아질수록 평균 4%씩 높아졌는데, 유독 40대에서 그 증가율이 6.1%로 높았다.

당신이 한 사람과 오래오래 행복하게 살길 바라지만, 현실에서는 이렇듯 외도하는 사람들이 많다. 드라마 〈부부의 세계〉에서 탤런트 김희애는 남편의 스카프에 붙어 있는 머리카락 하나로부터 '외도'를 직감하지만, 현실에서는 흔적을 찾는 것이 쉽지 않다. 이럴 때 상대의 심리를 이용하여 바람을 피우는지 가볍게 확인할 수 있는 질문이 있다.

파트너가 바람을 피우려면 시간이 필요하다. 만약 파트너가 야근, 출장 등의 핑계로 늦게 귀가한다면 돌아 올 때 거실에서 기다리고 있다가 남편이 들어오면 이렇게 툭 말을 던지면 된다.

"당신 요즘 무슨 좋은 일 있어?"

만약 이 질문에 "힘들게 일하고 왔는데 갑자기 뭔 뜬금없는 소리야? 당신은 무슨 좋은 일이라도 있어?"라고 아무렇지 않게 대답한다면 외도가 아닐 가

능성이 높다. 반대로 "왜???"라는 식으로 반응한다면 이는 무언가 감추고 있을 확률이 높다. 왜냐하면 정말 당당한 사람에게 "요즘 무슨 좋은 일 있어?"라는 질문은 아무 의미가 없다. 그래서 대수롭지 않고 별 거 아닌 질문이다. 반면 진짜 외도를 하고 있는 남편에게는 "요즘 무슨 좋은 일 있어?"라는 질문에 "헉 혹시 걸린 거 아냐?" "아내가 뭘 눈치 챘나?"라는 질문으로 들리게 된다. 따라서 그 이유가 궁금해지기 때문에 "맞다 아니다"라는 답 대신 "왜"라는 답을 하게 되는 것이다.

심리를 이용한 아주 간단한 방법이니 기억하길 바라며, 이 질문을 사용하는 날이 오지 않길 바란다.

40 롱디

일 년에 두 번 만나는 커플

Q. 연초까지만 해도 결혼 이야기를 했었고, 부모님을 만날 계획도 있었는데 코로나 때문에 남자친구가 경제적으로 큰 타격을 입었어요. 그 때문에 자기 멘탈이 흔들린다고 결혼을 미루자고 하네요. 만난 지 2년 됐지만 남자친구 있는 곳이 캐나다라 6개월에 한 번씩, 한국에 들어 올 때마다 2주씩 같이 있었어요. 짧은 만남이지만 결혼하면 같이 캐나다에서 살자는 말도 했었어요. 저는 35살이고 남자친구는 3살 연상인데 돌싱이에요. 저는 싱글이고요. 그런데 코로나 터지면서 상황이 안 좋아지니까 자기는 평생 혼자 사는 것이 나을 것 같다면서 결혼하면 지난번 결혼처럼 자기가 성격이 안 좋아서 저를 힘들게 할까봐 걱정 된데요. 그러면서 "너는 누굴 만나도 행복 할 테니 좋은 사람 만나 이쁨 받으면서 살아"라고 하네요. 그래서 헤어지자는 거냐고 물으니 그건 아니래요. 가뜩이나 일 년에 2번 밖에 못 보는 것도 참고 있는데 말까지 저

렇게 하니 힘드네요. 어떻게 하면 좋을 런지요?

A. "나보다 더 좋은 사람 만나서 행복하게 살길바래"

지인이 결혼준비를 하고 있는 도중에 예비 남편이 '백혈병'에 걸린 것을 알게 됐다. 당시 여성은 백혈병에 걸린 남편과의 결혼을 잠시 미루고 남편을 지극정성으로 간호했다. 그때 신문에 칼럼으로 이 사연을 쓴 적이 있었는데, 그 사연을 보고 SBS 방송국에서 연락이 왔다. "이런 아름다운 사연을 사람들에게 알리고 싶어요." 그 커플에게 연락을 하고 싶다는 작가의 부탁을 난 거절했다. 그 여성은 그 남자와 이별을 할 수도 있는데, 괜히 공중파 방송까지 나가서 '착한 여자'가 돼버리면 그것이 '프레임'이 될 수 있을 것 같아서다. 결국 그 커플은 1년을 넘게 더 만나다가 결국 이별을 했는데, 그때 그 남자가 했던 말이 "나보다 더 좋은 사람 만나"였다.

이 정도의 절박한 사연이 있다면 모를까? 대부분의 남자들이 하는 "나보다 더 좋은 사람 만나길 바래"라는 말은 본인이 관계적 우위에 있는 상태에서 상대를 배려하는 척 이별하고자 할 때 사용하는 말이다. 38살의 이혼남, 해외에서 6개월에 한 번 한국에 들어올 때만 데이트하는 남자. 이런 남자가 결혼을 속삭이다가 코로나를 핑계로 다른 남자와 행복하게 살라고 한다면. 남자에 대한 자세한 정보는 모르나 느낌이 "싸늘하다, 가슴에 비수가 날아와 꽂힌다."(영화 〈타짜〉 중 조승우 명대사)라고 할까.

남자를 볼 때는 말이 아니라 태도를 봐야 한다. 여자들은 남자가 결혼 이야기를 하거나, 가족들과 만나자고 하면 진심으로 생각하지만, 말로 약속하는 것은 쉽다. 한국에 잠깐 들어온 남자가 그 기간 동안 만나는 여자에게 잘해주는 것도 새삼스러울 것도 없다. 남자가 사랑을 속삭일 때는 '말'만 듣지 말고 '태도'를 봐야 한다. 진짜 함께 할 미래를 계획하고 실천하는지 그런 '태도'말이다. 안타깝게도 이 남자에게는 그런 것이 없다.

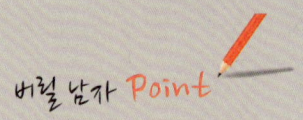

영화에서는 진심으로 사랑하는 그녀의 행복을 빌어주며, 더 멋진 남자를 만나라고 떠나보내는 멋진 남자들이 나온다. 현실에서는 그렇지 않다. 정말 사랑하면 남자의 부족함을 보고 떠나려는 여자를 붙잡는다. 그리곤 자신의 부족함까지 함께 나누자고 한다. 순간 마음이 약해져서 또는 정 때문에 그 손을 다시 잡는 많은 여성들이 있는데, 곧 후회를 한다. '말'로만 미래를 함께 하고자 하는지, '태도'로써 보여주는지 적극적인 확인이 필요하다.

착한 여자가 나쁜 남자를 만든다

아내에게 물었다.
"우리도 살다가 크게 싸우고 그러면 헤어질 수 있을까?"
아내가 답했다.
"모르지. 최선을 다해 행복하게 살려고 노력하겠지만
세상에 무슨 일이 생길지 모르는데 노력했는데도
안 되면 어쩔 수 없이 헤어지는 거지 뭐."
서운하면서 한편으로는 무서웠다.
그러다 깨달았다.
만약 아내가 평소에도
"난 너랑 죽어도 안 헤어질 건데, 난 너 없으면 못 사는데?"
라고 말을 했다면 그래도 내가 지금처럼 아내를 존중했을까?
남자는 누울 자리를 보고 다리를 뻗는다.

41 바람

남자친구 꼬신 여자에게
복수하고 싶어요

Q. 정말 저만 바라보고 사랑하는 착한 남자친구가 있는데요. 잘생겨서 여우같은 여자들이 자꾸 주변에서 꼬리치더니 결국 넘어갔어요. 그러다 저한테 딱 걸렸고 본인이 잘못했다고 인정하고 반성한다며 싹싹 빌어서 한 번은 봐주려고 해요. 친구들이 본인이 저렇게 뉘우치고 있으니까 다시는 안 그럴 것 같다고 하는데 그렇겠죠? 그런데 제 착한 남자친구 꼬신 그 여자는 용서가 안 돼요. 제가 연락했더니 전화도 안 받네요. 저도 아는 여자인데, 그 여우같은 여자한테 복수 할 수 있는 좋은 방법 없을까요?

A. 머리털을 닭털처럼 뽑아 버리고 싶은 그 마음 이해해

그 여자가 다니는 회사 게시판에 남의 남자친구 '꼬신년'이라고 대자보

를 붙이거나, 모두 보는 앞에서 김치 싸대기를 날리고 싶은 마음도 안다. 그러나 조금만 솔직하게 이야기를 해보자. 여자친구만 바라보는 그 착하고 잘생긴 남자친구가 당신에게 무슨 핑계와 변명을 했는지는 모르겠지만, 이 상황에서 '숙주'(바람을 핀 남자친구)를 놔두고 '기생체'(같이 바람피운 여자)만 제거해 버리면, 곧 또 다른 기생체(여자)가 생길 것이다. 그럴 때마다 김치 싸대기를 날린다면 일 년에 김장을 한 100포기씩 해야 할 것이다.

"바람을 한 번도 안 피우는 놈은 있지만, 한 번만 피우는 놈은 없다."

불륜계의 격언이다. '당신의 착한 남자친구가 여우같은 여자의 꼬임에 넘어가 어쩔 수 없이 바람을 피웠다'는 생각으로 상대 여자만 욕하면서 그냥 넘어간다면 남자친구는 "내 여자친구는 바람을 피워도 이렇게 빌면 용서해 주는구나?"라는 것을 '학습'하게 된다. 이렇게 바람을 피워도 용서해주는 여자라는 사실을 알게 된 남자는 곧 다른 여자와 바람을 피우게 된다. 따라서 복수의 대상은 '그 여자'가 아니라 바로 '당신 남자친구'여야 하고, 정말 누군가의 다리를 부러뜨려야 한다면 그 다리는 양다리를 걸친 당신 남자친구의 다리여야 한다. 복수를 하고 싶다면 당신이 나서서 '김치'를 휘두르지 말고, 김치를 당신 남자친구 손에 쥐어주고 당신 보는 앞에서 당신 남자친구가 그녀에게 휘두르게 해야 한다. 그녀 입장에서는 당신에게 맞는 것보다 더 아플 것이다. 이미 용서해 주기로 했다니 안타깝지만 이런 식으로 용서했으니 반복될 위험이 높다는 건 꼭 기억해야 한다.

버릴 남자 Point!

남자친구가 바람을 피웠을 때는 무조건 헤어져라. 너무 사랑해서, 또는 상대가 무릎 꿇고 용서를 빌어 한 번 봐주고 싶어도 일단 헤어져라. 그 이유는 아래와 같다.

1. 쉽게 용서해주면 학습된다. "이 여자는 내가 바람을 피워도 매달리면 봐주는구나."라는 학습. 이런 경우 또 다른 유혹에 빠지기가 쉽다.

2. 바람을 피워 이별을 당하면 "이 여자는 바람피우면서 만날 수 있는 여자가 아니구나."라는 것을 학습하게 된다. 조금이라도 바람을 예방할 수 있다.

3. 연인 사이에 신뢰는 쌓을 때는 벽돌 집을 짓는 것처럼 하나하나 쌓아올리지만, 무너질 때는 한 순간이다. 그리고 한 번 무너진 신뢰는 원래대로 회복하는데 얼마의 시간이 걸릴 지 모른다. 한 번 바람피웠던 남자친구와 다시 행복하게 만나는 건 매우 어려운 일이다.

연애 TIP_ 구 남자친구에게 할 수 있는 최고의 복수는?

한 여자가 구 남자친구에게 복수하고 싶다며 찾아왔다. 이유를 들어봤더니 여자 입장에서는 화가 날 만 했다. 그녀는 자신이 구 남자친구의 친한 친구를 꼬셔서 사귀면 복수가 되겠느냐고 물어봤고 나는 말렸다. 왜냐하면 그렇게 함으로써 구 남자친구를 열 받게 할 순 있겠지만, 그녀가 잃는 것이 더 많기 때문이다.

그녀에게 이렇게 말했다. "다시 구 남자친구와 잘 되고 싶은 마음이 있다면 모르겠지만 그런 것이 아니라면 구 남자친구 때문에 귀한 당신의 시간과 노력을 쏟는 것이야말로 인생의 낭비다. 그러니 구 남자친구란 존재를 당신 인생에서 지웠으면 좋겠다."

상대가 불치병이라도 걸렸다면 모를까? 일반적인 연애에서 사랑해서 헤어진다는 말은 거짓말이다. 이별 후 상대는 아무렇지도 않게 잘 살고 있는데, 나만 혼자 아파하고 힘들어하고 미련을 갖고 있으면 지는 거다.

인터넷에 BTS 전화번호라고 구 남자친구의 번호를 뿌리는 것도, 그동안 준 선물을 모두 돌려받는 것도, 임신했다고 거짓말을 하는 것도 모두 복수가 아닌 내 귀한 시간을 낭비하는 일이다. 나와 헤어진 것을 후회하도록 스스로를 발전시켜 더 좋은 사람을 만나 행복하게 사는 것. 이것이 진정한 복수이고, 남녀 사이에 할 수 있는 유일한 복수이기도 하다.

거짓말처럼 한 번은 만날 날이 온다. 살다가 우연히 마주쳤을 때 내 초라한 모습에 숨지 않고 당당하게 다가가 "요즘 잘 지내?"라고 말할 수 있는 당신을 만들어라. 진짜 복수란 그렇게 하는 것이다.

42 폴리아모리

남자친구가 두 사람을
동시에 사랑해요

Q. 지난 주 남자친구가 '폴리아모리'라고 말을 했어요. 그게 뭐냐고 하니까 자기는 두 사람을 동시에 사랑할 수 있다고 하네요. 저를 사랑하지만 최근에 사랑하는 다른 사람이 있다고 말했어요. 그래서 지금 바람피웠다고 자백하는 거냐고 하니까, 그게 아니라 진심으로 저를 사랑하는데 자기는 두 사람을 동시에 사랑할 수 있데요. 어쩌면 바람피운다는 말을 저리 뻔뻔하게 하는지 모르겠지만 한 사람이 두 사람을 동시에 사랑하는 게 가능한 건가요? 솔직히 제가 먼저 고백해서 연애를 시작한지 200일 정도 됐어요. 둘 다 직장인이라 저는 미래까지 보고 진지하게 만나는 사이인데 갑자기 저런 말을 하니 당황스럽고 너무 화가 나고 그래요. 사람이 어떻게 동시에 두 사람을 사랑할 수 있죠? 누군가를 진심으로 사랑하면 다른 사람이 눈에 안 들어와야 정상 아닌가요? 요즘 일이 힘들어서 제정신이 아닌 것 같은데 정신 차리게 할 방법이 없을까요?

A. 폴리아모리(polyamory)

한 사람이 두 사람 이상을 동시에 사랑하는 다자간 사랑을 뜻하는 말인데, 이런 연애를 하는 사람들을 '폴리아모리스트'라고 한다. "내가 하늘의 별을 따 달래? 달을 따 달래? 고작 남편 하나 더 갖겠다는 건데"라는 대사로 유명한 손예진 주연의 영화 〈아내가 결혼했다〉나 "사랑에 빠진 게 죄는 아니잖아."라는 대사로 유명한 김희애, 박해준 주연의 드라마 〈부부의 세계〉 등이 폴리아모리를 다룬 작품들이다.

일반적인 상식으로 보면 사랑과 질투는 마치 바늘과 실 같다. 그 둘은 서로 붙어 다니는 것이 당연하다. 어떤 사람들은 '쿨 한 사랑'을 이야기하지만 사실 쿨한 사랑이란 '뜨거운 얼음' '차가운 불'처럼 그 자체로 모순이다. 진짜 사랑은 쿨 해 질 수 없기 때문이다. 그러나 물리학 법칙을 역행하듯 사랑의 감정을 역행하는 사람들도 있다. 폴리아모리가 가능한지 아닌지는 사실 중요한 것이 아니다. 이때 중요한 건 당신 자신이다.

커플이 모두 폴리아모리스트라면 주변에서 보기에는 많이 불편하겠지만 그건 본인들의 연애관이고 자유다. 이런 성향이 밝혀지면 대한민국에서는 충분히 욕을 먹을 것이기에 나까지 욕하고 싶지는 않다. 반면 커플 중 한쪽만 폴리아모리스트라면 이는 파트너에게 큰 문제다. 평범한 연애관을 지닌 사람입장에서는 어떻게 포장을 해도 결국은 바람이고 불륜이기 때문이다.

진정으로 두 사람을 동시에 사랑할 수 있는 폴리아모리스트인지, 아니면 그냥 여러 사람과 바람피우는 것을 멋지게 포장하는 것인지는 본인밖에 모른다. 그런데 스스로를 폴리아모리스트라 주장하는 사람은 못 바꾼다. 성향을 바꾸는 것도 어렵지만 연인 외에 다른 사람을 만나면서 그걸 아무렇지도 않게, 마치 버거킹에서 햄버거를 먹은 이야기 하듯, 말할 수 있다는 것은 공감능력과 감수성이 평범하지 않다는 것을 의미하기 때문이다.

상대를 바꾸려는 노력보다 차라리 당신과 비슷한 연애관을 가진 사람을 만나는 것이 덜 힘들고, 더 행복한 연애를 하는 길이다.

버릴 남자 Point

진짜 폴리아모리스트인지, 아니면 바람둥이인지는 본인만 안다. 중요한 건 다른 이성을 만난다는 것을 연인에게 아무렇지도 않게 말한다는 것은 공감능력이 평범한 사람들과 다르다는 것이다. 이런 사람을 못 바꾸는 이유는 자신의 행동에서 무엇이 문제가 되는지를 잘 모르기 때문이다.

대시보다 더 적극적인 '접근' 전략

욱하는 마음으로 고백부터 하는 연애는 고달프다. 관심 있는 남자와 잘 되기 위해서는 욱하는 마음으로 고백하는 대신 '접근'과 '대시'를 명확하게 구별할 줄 알아야 한다. 적극적으로 접근을 잘하는 여자가 연애에 성공할 가능성이 높다. 다음 사례를 통해서 대시와 접근을 구별 해보자.

사례 1: 동호회에서 알게 된 명길씨에게 마음이 있는 당신, 다음 중 어떤 접근 방법이 가장 좋을까?

(1) 솔직히 저는 명길씨에게 관심 있는데 저 어떻게 생각해요? 라고 물어본다.
(2) "저 이번 주말에 영화 보여주세요."라고 카톡을 보낸다.
(3) 얼굴보고 "우리 사귈래요?"라고 말한다.
(4) "저 술 한 잔 사 주세요."라고 말한다.

상대에게 직접적으로 '너 좋아해' '나랑 사귀자'라고 말하는 건 단순한 대시다. 여자가 이런 단순한 대시를 하면 초반 성공 확률은 남자가 여자에게 할 때보다는 높지만, 문제는 실패했을 경우 뒤가 없다는 것이다. 그래서 이보다 더 적극적이고 효과적인 방법 '접근'을 추천한다. 첫눈에 사랑에 빠지는 사이가 아니라면 훨씬 효과적인 전략으로 '나랑 사귀자' 대신 상대에게 '너와 친해지고 싶어'라는 메시지를 주는 것이 포인트다.

위 문제의 보기 4개는 먼저 상대에게 한 걸음 다가간다는 점에서는 비슷하지만, 그 메시지와 효과는 완전 다르다. 사례의 보기 중 1번과 3번은 대시다. 남자가 나에게 관심이 있다는 것이 확실할 때는 효과적이지만, 애매한 상황에서는 실패할 확률도 높고 부작용도 있다. 따라서 여러 상황을 고려해보면 남자에게는 2번과 4번 같은 적극적인 접근이 효과도 크고 부작용도 없다. 메시지는 간단하다. "당신에게 호감이 있으니 한 번 다가오면 데이트를 해 줄 의향이 있다."라는 메시지를 전달하는 것이 포인트다.

남자의 입장에서 생각해보자. 남자는 어떤 여자에게 매력을 느낄까? 전지현이나 송혜교처럼 예뻐야만 매력을 느낄까? 단언컨대 아니다. 모든 남자들이 저마다의 이상형을 가지고 있지만 정작 이상형과 연애하는 사람은 매우 드물다. 이유는 남자에게 진짜 이상형이란 자기가 만날 수 있는 여자인 경우가 대부분이기 때문이다.

나와 상관이 없을 때에는 그녀가 그냥 사람으로 보이지만, 나와 어떤 연결고리가 생기면 그녀가 '여자사람'으로 보이기 시작한다. 그리고 이때부터 그녀에게 이성으로서의 매력을 갖게 된다.

용기만 가지고 무작정 대시하는 것보다는 보다 적극적인 접근이 남자에게는 더 효과적이다. 남자에게 친하게 지내고 싶다는 메시지를 던져라. 그 메시지를 해석하는 과정에서 남자는 자신에게 우호적인 당신을 이성으로 생각하게 될 것이다.

"잘 생긴 남자는 꽃미남 세를 거두고
못 생긴 남자들은 세금을 낮춰 부자로 만들어
꽃미남이 여성들을 독차지하는 것을 막아 결혼을 증가시켜야 한다.

남자를 꽃미남, 평범남, 조금 못생긴 남, 매우 못생긴 남으로 나눈 뒤
꽃미남으로 분류가 되면 소득세를 2배 인상하고,
보통남은 그대로
조금 못 생긴 남자는 10% 세금 인하
매우 못 생긴 남자는 20% 세금을 깎아 주어야 한다."

대부분의 남자들은 자신이 세금을 더 내야 한다고 생각한다.

일본의 경제평론가 '모리나가 다구로'의 말

남자들이 대시하게 만드는 은근한 스킨십 방법

얼 나우만의 저서 『첫눈에 반한 사랑』에는 사람이 과연 첫눈에 사랑에 빠질 수 있는지에 대해 소개한다. 미국의 인간관계 전문가 15명에게 "첫눈에 사랑에 빠질 수 있다고 생각하십니까?"를 물어본 결과 15명 중 13명이 첫눈에 사랑에 빠지는 것에 대한 부정적인 의견을 보였다.

세계적인 남녀관계 전문가이자 『화성에서 온 남자 금성에서 온 여자』의 저자 존 그레이는 남녀 간에는 사랑에 빠지기 위한 5가지 단계가 있다고 말했다. 호감, 반신반의, 독점, 친밀감, 결혼약속의 단계를 거쳐야 한다는 것이다. 『우리는 왜 사랑에 빠졌을까?』의 저자 캐시 트루프는 연인 간에는 희망, 투사, 각성, 애착의 4가지 단계가 있다고 주장했다.

『상대방이 당신을 사랑하도록 만드는 법』의 저자 레일 라운즈는 "첫눈에 사랑에 빠졌다는 것은 사실 맺어지고 난 다음에 그렇게 생각해 버리는 것"이라고 말했고, 앤서니 월시 역시 그의 저서 『사랑의 과학』을 통해 "첫눈에 반하는 것은 불가능한 것은 아니지만 일반적인 현상은 아니다."라고 말했다. 사람들의 환상과는 다르게 첫눈에 사랑에 빠지는 것은 매우 어려운 일이며, 전문가들은 누군가와 사랑에 빠지는 과정에는 어떤 단계가 존재한다고 보고 있다.

연애코치 입장에서 분석하면 누군가를 첫눈에 사랑에 빠지도록 만들기 위해서는 2가지 조건 중 하나가 필요하다. 첫 번째는 매력적인 외모다. 사실 첫눈에 사랑에 빠졌다고 주장하는 사람들의 대부분은 상대의 외모에 중점을 둔 경우가 많다. 사실 이런 외모는 후천적인 노력과 기술을 통해 극복하기도 하지만 기본적으로는 타고 나는 경우가 많기에 두 번째 요소가 중요하다. 바로 사람의 매력 그 자체다.

이 책에서 거듭 강조하고 있지만 남자들이 여자에게 매력을 느끼는 요소는 매우 다양하다. 얼굴과 몸매는 물론 최근에는 여자의 지적 매력이나 경제력 등을 보는 남자들도 늘고 있다. 그러나 가장 큰 요소는 가능성이 보이는 여자에게 용기가 생기고, 매력을 느낀다. 남자는 아무리 이상형이라도 나를 생명체 취급하는 여자보다 평범한 느낌일지라도 나에게 우호적이고 반응이 좋은 여자에게 끌리게 된다.

'나에게 우호적이고 반응이 좋은 여자'가 될 수 있는 간단한 전략이 바로 '은근한 터치' 전략이다. 남자는 터치에 약하다. 소개팅에서 만난 평범해 보였던 여자도 은근한 터치로 인해 성격이 괜찮게 느껴지고, 잘 통하는 것처럼 생각되며, 이윽고 매력적으로 보이게 된다. 다음 몇 가지 액션은 연애 잘하는 여자들의 리액션들이다. 본인은 하는지도 모르고 습관처럼 하지만 남자에게는 인상 깊은 효과를 남겨 호감도를 상승시키는 전략이다. 일반 남자들은 이것을 썸으로 인식하게 되며 당신을 매력 있는 여자로 느끼도록 만들 것이다.

1. 첫 만남의 가벼운 악수

가벼운 악수부터가 시작이다. 첫 만남에서 인사를 할 때 악수를 하면 남자는 여자가 성격이 좋다고 생각하게 된다. 이것이 중요한 이유는 이런 행동으로 인해 남자가 자신감을 갖고 당신에게 더 적극적으로 다가오게 된다는 데 있다. 남자는 누울 자리를 보고 다리를 뻗는다. 평소에는 여자를 만나면 쭈뼛쭈뼛 했던 남자도 받아주는 여자를 만나면 용기가 생기는 법이다. 그리고 그 용기가 호감으로 바뀌게 된다.

2. 대화할 때 남자의 어깨를 살짝 손으로 터치하기

남자를 부를 때나 대화를 할 때 자신도 모르게 남자의 어깨를 손으로 건드리는 여성들이 있다. 본인은 습관인지 몰라도 남자 입장에서는 예민하다. 남자는 여자의 사소한 터치에도 심리가 반응하며, 그것을 최대한 긍정적으로 해석하려고 한다. 모르는 여자와 눈만 마주쳐도 "혹시?"라는 생각을 하는 게 남자인데, 함께 있는 여자가 몸을 터치하면 상대에게 더 우호적인 감정이 생긴다.

3. 웃을 때 남자의 팔이나 어깨를 살짝 터치하기

웃을 때 남자를 터치하는 액션은 매우 자연스러우며 효과적인 행동이다. 복싱선수처럼 때리는 것만 아니면 그것을 나쁘게 생각하는 경우는 드물다.

4. 길을 걷다가 어깨를 살짝 부딪치기

복잡한 곳에서 데이트를 할 때 사용하는 방법이다. 남녀가 함께 길을 걸어갈 때 걸음걸이 방향을 상대 쪽으로 15도 정도만 틀어도 가볍게 어깨가 부딪치게 된다. 이런 액션은 썸탈 때 매우 효과적으로 남자에게 은은한 자극을 주게 된다.

5. 신호등을 건널 때 빨리 가자며 남자의 옷깃을 잡아당기기

은근한 터치에도 명분이 있으면 더 좋다. 신호등을 건너는 데 빨간불이 깜빡거릴 때 남자의 옷깃을 잡고 뛴다거나, 복잡한 거리에서 남자에게 길 안내를 할 때 깜빡이를 켜는 것처럼 남자의 팔을 살짝 당기는 등의 행동도 매력 있다.

6. 우산 같이 쓰기
비 오는 날 남자를 만날 때는 우산을 가방에 넣고 나가라. 지하철에 두고 내렸다고 해도 괜찮고, 잃어버렸다고 해도 괜찮다. 하나의 우산을 같이 쓰고 걷는 것은 불편하지만 로맨틱하다. 우산을 같이 쓰는 것만으로도 개인공간을 줄이고, 그만큼 가까워질 수 있다.

7. 사람 많은 장소에서는 귓속말하기
사람이 많거나 시끄러운 곳에서 대화를 할 때 사용하면 좋은 방법이다. 사람과 사람 사이에는 개인 공간이라는 것이 있다. 보통 남녀사이는 서로 1m 내외의 거리를 유지하는데, 이 거리를 빠르게 줄일수록 더 가까워 질 수 있다. 위에 언급한 터치도 그 방법들이고, 귓속말도 효과적인 방법이다. 귓속말을 하기 위해서는 서로가 가까워져야 하며, 상대의 몸에 손을 대지 않으면서도 마치 스킨십을 한 것 같은 효과를 낸다.

8. 힐 삐끗하기 전략

좀 더 과감하면서 상위 전략이다. 앞선 터치가 가벼운 터치였다면 힐 삐끗하기 전략은 무거운 터치를 유도하는 전략이다. 전략은 단순하다. 함께 길을 걸을 때 남자 쪽 발을 삐끗하며 남자가 당신을 잡도록 유도하는 것이다. 이것이 효과적인 이유는 여자가 터치하는 것이 아닌 남자가 당신을 터치하는데 있다. 그래서 효과가 더 뛰어나다. 스킨십 전략 중에 여자가 먼저 터치하는 방법은 사실 가벼운 하위 전략이다. 연애학적 관점에서 보면 '남자의 어깨를 주물러 주는 것' VS '남자에게 어깨를 주물러 달라고 하는 것' 중 어느 것이 더 상대의 호감을 이끌어 낼 수 있을까? 답은 남자가 내 어깨를 주무를 때 더 호감도가 상승한다.

여자의 가벼운 터치는 언제나 남자의 마음을 무겁게 터치한다.

당신이 처음 보는 강아지를 쓰다듬었다고 가정해보자. 강아지는 기분이 좋은 듯 당신에게 파고든다. 당신은 강아지가 사랑스럽게 느껴지고 더 쓰다듬어주고 싶어진다. 왜냐하면 강아지로부터 '기분이 좋아요' '더 쓰다듬어주세요'라는 시그널을 받았기 때문이다. 당신 역시 기분이 좋아지고 더 마음을 담아 그 강아지를 예뻐해 줄 것이다. 그럴수록 강아지는 더 당신이 좋아져 예쁜 행동을 하게 된다. 이처럼 강아지와 당신 사이에 '호감'이 형성된다. 남자를 처음 보는 강아지라고 생각하고 사랑스럽게 쓰다듬어 준다고 생각해라.

마음에 드는 남자를 만나면 은근한 터치 전략을 잘 활용하면 도움이 된다. 그 남자는 자신이 왜 당신에게 매력을 느꼈는지조차 모르게 당신에 대한 호감도가 상승할 것이다. 단, 여자들이 일상생활에서 만나는 대부분의 남자들에게 통하는 방법이지만, 평소 여자들의 우호적인 반응에 익숙한 일부 매력 상위 10% 이내 남자들에게는 이런 전략이 통하지 않을 수 있다.

이 여자는 다르다고 느끼게 만드는 법

결혼정보회사에서 근무할 때 일이다. 서울에 사는 여자 회원과 천안에서 일을 하는 남자 회원이 미팅을 하게 됐다. 천안에 사는 남자회원이 여자를 만나러 서울로 올라왔고 두 사람은 고속터미널 인근에서 첫 만남을 가졌다. 나중에 들어보니 솔직히 서로가 첫눈에 끌리는 상대는 아니었다고 했다. 커피를 마시고 밥을 먹은 후 이제 헤어질 시간, 남자가 인사를 하고 가려는데, 여자가 자기 보러 먼 길을 왔는데 터미널까지는 바래다주고 가겠다고 했단다.

두 사람은 이런 저런 이야기를 하며 터미널에 도착했고, 그때 여성이 천안까지 가는 버스표를 끊어서 남자에게 주면서 이렇게 말했다. "저 만나러 먼 길 오셨는데 가실 때 버스표 정도는 제가 끊어드리는 게 예의인 것 같아서요." 남자는 얼떨결에 표를 받아 버스에 올랐고 두 사람은 헤어졌다. 천안으로 돌아오는 길에 남자는 곰곰이 생각했다. "아 이 여자는 다른 여자들과 뭔가 다른 것 같다. 잡아야겠다." 그래서 남자의 적극적인 대시가 시작됐고 두 사람은 연인이 됐다.

데이트 비용 최적의 배분은 7:3이다. 원래는 세 번째 만남 까지는 남자가 모두 계산해도 괜찮았는데, 요즘 남자들은 효율성을 따지고, 계산기를 두드리기 때문에 7:3 정도면 적당하다. 남자가 밥을 사면 커피를 사고, 영화표를 예매하면 팝콘을 사는 정도다. 어떤 여성은 아예 평등하게 5:5로 더치페이를 하자고 하는 경우도 있는데, 단순히 돈 몇 만원의 문제가 아니라 연애코치 입장에서 보면 추천하지 않는다.

남자가 마음에 드는 여자를 만났을 때 중요한 것은 '돈을 얼마나 썼느냐?' 가 아니라 '상대의 마음을 얻는 것'이다. 진짜 매력 있는 여자는 밥을 사준다는 남자에게 "저도 잘 벌어요."라며 더치페이를 주장하기 보다는 "명길씨 덕분에 오늘 완전 맛난 거 먹었네요. 다음에는 저도 맛난 거 살게요."라며 인정도 해주고, 다음 약속도 잡는다. 데이트 비용은 7:3 정도면 호감을 표시하는데 충분하다.

짝사랑 성공을 위해 기억해야 하는 것

우리가 사랑(LOVE)을 심장(HEART)에 비유하는 것은 심장이 자기 의지로 조절할 수 없는 '불수의근'이기 때문이다. 사랑은 내가 빠졌는지도 모르게 빠지게 된 다음에 느끼는 '감정의 결과'일 뿐이다.

그래서 누군가를 좋아하게 되면 계속 그 사람에게 마음이 가게 된다. 계속 생각이 나고 보고 싶어 나도 모르게 그 사람의 카카오톡 프로필 사진을 보거나 페이스북이나 인스타그램 같은 SNS를 보게 된다. 상대에 대한 정보를 탐색하는 것 까지는 괜찮다. 문제는 정보 탐색을 넘어 하루에도 몇 번씩 습관적으로 SNS 스토킹을 하는데, 연애코치의 입장에서 보면 이런 행동이 짝사랑을 성공하는데 방해가 된다.

짝사랑을 할 때는 상대의 SNS로부터 독립해야 한다. 누군가를 좋아하게 되면 자신도 모르게 '을'이 된다. 남녀에 상관없이 좋아하는 사람 앞에서는 모두가 다 '을'이 된다. 유럽을 지배했던 천하의 '갑' 나폴레옹도 아이가 둘이나 있는 연상의 누나 조세핀에게는 '을'이었다. 상대의 SNS를 매일 보고 있으면 상대가 점점 더 좋아진다. 비호감 연예인도 TV에서 자주 얼굴을 보게 되면 호감이 되는 마당에, 내가 좋아하는 사람의 사진을 매일 보고 있으면 점점 더 좋아지게 되는 것은 당연한 일이다.

또한 사람은 내가 원하는 것을 갖지 못할 때 그것에 대한 마음이 더 커지게 된다. 상대가 나에 대해 가지고 있는 관심의 정도는 변함이 없는데, 나만 상대를 좋아하는 마음이 매일매일 커지고 있는 것이다. 이런 상황이 계속되면 상대를 만났을 때 당당하지 못하게 되고, 매력이 떨어지게 된다. 짝사랑하는 사람과 잘 되고 싶다면, 당당할 수 있어야 한다. 그러기 위해서는 상대의 SNS를 스토킹 하는 것을 멈춰야 한다.

내가 좋아하는 사람도 그냥 사람일 뿐이다. 나도 얼마든지 매력 있는 사람이다. 이런 생각을 가지고 당당하게 접근할 때 짝사랑 성공 가능성도 높아진다.

재회 성공 가능성을 높여주는 3단계 전략

제일 많이 받는 상담 중 하나가 바로 '이별'과 '재회'다. 이 두 가지는 패키지처럼 함께 하는 경우가 많은데, 나는 사실 재회 상담은 잘 받아주지 않는 편이다. 첫 번째 이유는 연애코치가 무슨 마법사도 아니고, 헤어진 상대의 마음을 조정할 수 있는 것도 아니기에 100% 책임질 수 없는 상담이라 받지 않는다. 두 번째는 대부분 헤어지고 재회하고 싶은 사람들은 나에게 연락을 하기 전 처절하게 매달렸음에도 차였을 때 연락을 한다. 이미 상대로부터 존중 받지 못하는 이별까지 간 상태에서 다시 상대로부터 존중 받는 건 나로서도 어려운 일이다. 그럼에도 지푸라기라도 잡고 싶은 심정으로 날 찾아오는 사람들에게 내가 하는 조언이다.

1단계 이별 후 해야 할 가장 중요한 일은 '행복해 지는 일'이다.

가장 중요하다. 이별 한 후 카톡 프로필을 이별 노래와 슬픈 사진으로 바꾸고, SNS에 '나 힘들다'고 광고를 하는 여자들이 많다. 마치 밥을 굶는 아이를 달래러 와주는 엄마처럼, 내가 이토록 힘들고 아픈 모습을 보이면 혹시나 날 찾아주지는 않을까? 생각하는 것이다. 구 남자친구는 엄마가 아니다. 그런 모습에 안타까워하며 다시 돌아올 남자였으면 상처를 주고 떠나지도 않았다.

이별 후에 그 사람과 다시 만나고 싶다면 인생의 최우선 목표로 삼아야 할 일은 '내가 행복해지는 일'이다. 대부분의 남자는 헤어지고 나서 한 번쯤은 구 여자친구의 SNS나 카톡 프로필 등을 본다. 꼭 다시 시작하고 싶어서 그런 것이 아니라 마치 도둑이 범죄 현장을 다시 찾듯 나 좋다고 하던 그녀가 헤어지고 난 후 어떻게 지내나? 그것이 궁금한 것이다.

이때 날 못 잊어 힘들어하면 솔직히 기분이 좋다. 남의 고통이 왜 나의 즐거움이 되는지 사이코 같을 수 있지만 헤어질 때는 나 없이도 행복하라고, 좋은 사람 만나서 잘 살라고 하면서도 날 못 잊는 여자가 있는 게 기분 나쁘지는 않다. 반대로 나 좋다고 했던 여자가 나와 헤어지고도 아무 일 없는 듯 행복하게 잘 살면 괜히 마음이 뭐랄까? 서운하다고 할까?

2단계 상대의 SNS를 보지 않는다.

이는 짝사랑할 때 알아야 하는 것과 같다. 눈에서 멀어져야 마음에서도 멀어질 수 있다. 이별한 상대와 잘 되고 싶다면 아이러니하게도 먼저 멀어져야 한다. 상대의 SNS와 카톡 프로필 등을 보는 것은 재회에 아무런 도움이 되지 않는다. 그리고 이별한 후 혼자 있는 시간이 많아지면 생각이 많아진다. 그럼 지난 시간이 생각나고 힘들어진다. 그러다 연락하고 매달리게 되는 것이다. 이별 후 힘들 때 최고의 약은 친구들이다. 친한 친구들과 수다를 떨고 그 녀석을 욕해라. 든든하게 함께 욕해주는 친구들과 함께 있을 때 이별은 극복하기 쉬워진다.

만약 이별 후 너무 마음이 아파 힘들다면 진통제를 먹으면 효과가 있다. 심리학자 C. 네이선 드월(C, Nathan DeWall)이 했던 실험에 따르면 진통제를 먹으면 정서적인 프로세스를 처리하는 부분인 '전전두엽 피질'의 활동을 둔화시키는 것으로 나타나 진통제가 물리적 고통 뿐 아니라 사회적 고통도 경감시키는 것으로 나타났다. 약을 먹는 것이 몸에 좋을 것은 없지만 너무 힘들다면 진통제를 먹고 푹 자는 것도 건강을 위해 좋기에 소개한다.

3단계 소개팅을 하라. 데이트를 하면 더 좋다.

가장 중요한 부분이다. 당신에게 이별을 선언한 구 남자친구가 너무 멋져서 당신 말고도 얼마든지 만날 여자가 많다면 어떤 전략도 통하지 않을 것이다. 그러나 보통은 당신 눈에만 멋져 보일 뿐 남들이 볼 때는 평범한 남자인 경우가 많다. 자기를 좋아해주는 여자친구가 있었을 때는 그 소중함을 몰랐지만, 막상 헤어지고 나면 시원한 것도 잠시 자기가 편하게 대할 수 있었던 여자가 생각난다. 얼마든지 새로운 여자를 만날 수 있는 능력자가 아니라면 대부분의 남자들은 다 그놈이 그놈이다.

여자친구와 이별한 남자 입장에서 생각해보자. 자기가 이별하자고 했으니 일주일 정도는 아무렇지도 않게 지나간다. 문득 상대가 연락을 할 것이라는 생각 또는 기대 같은 것도 있지만 다시 잘해보고 싶은 마음은 아직 없다. 그렇게 그녀가 내 연락을 기다리고 있을 거란 생각을 하며 또 일주일이 지나간다. 이상하다. 지금쯤 카톡이라도 한 번 올 만한데 오지 않는다. 문득 잘 지내나 걱정스러운 마음에 그녀의 인스타그램을 들어가 본다. 그런데 예상외로 행복해 보인다. 나 없으면 죽을 것처럼 굴더니 잘 지내는 모습이 서운하지만 다행이구나 싶다.

인스타그램을 보다보니 어랏! 양수리다. 근데 옆에 어떤 남자가 같이 있다. 행복하게 지내길 바라면서도 무언가 신경이 쓰인다. 나도 모르게 구 여자친구의 카톡 프로필 사진과 인스타그램을 보기 시작한다. 당신의 구 남자친구가 외모로는 영화배우 박보검, 능력으로는 억대 연봉, 자산으로는 건물주 정도 되지 않는다면 대부분이 이런 시나리오에서 크게 벗어나지 않는다.

이제 전략은 끝났고 기다리면 된다. 당신이 다른 남자와 썸을 타고 있는 것을 알았을 때 비로소 구 남자친구는 당신이란 존재를 다시 생각하게 된다. 남자는 내가 만지고 싶을 때 만질 수 있는 여자를 귀하게 여기지 않는다. 그녀가 비로소 내 손을 떠나갔을 때, 이제 더 이상 내가 원한다고 만질 수 없다는 것을 깨달았을 때 그녀의 소중함을 생각하게 된다. 그것을 느껴야 연락이 온다.

만약 당신이 다른 남자와 데이트 하는 것을 알았으면서도 연락이 오지 않는다면 진짜 마음이 없는 것이다. 또한 구 남자친구를 자극하기 위한 전략이었지만 만약 데이트한 남자가 의외로 괜찮은 사람이고 마음에 들어 잘 된다면 그것도 좋은 일이다.

남자를 유혹하는 최고의 전략은 '어둠'

알베르토 안젤라가 쓴 『고대 로마인의 성과 사랑』을 보면 로마시절 여성들이 어떻게 남자를 유혹했는지 나오는데 그 비법은 바로 '어둠'이다. 어둠 속에서 여자를 보는 남성은 낮에 보는 것과 같은 냉정한 판단력을 유지하지 못하고 여성에게 휩쓸려 버린다.

사회심리학자 거겐(K. Gergen) 역시 '어둠'이 남녀가 서로에게 호감을 갖는데 효과적이라는 사실을 실험으로 입증했다. 서로 일면식도 없는 남녀 3~4쌍을 각각 밝은 장소와 어두운 장소에 들어가게 한 다음 그들의 행동을 관찰했다. 실험결과 밝은 장소에서 함께 한 남녀는 서로에 대한 일상적인 대화를 했던 반면, 어두운 장소에서 함께 했던 남녀는 지극히 개인적이고 은밀한 대화를 주고받았고, 일부는 신체적인 접촉도 일어났다. 왜 이런 일이 생길까?

인간은 본능적으로 어둠을 무서워하는 경향이 있다. 공포 영화를 볼 때, 나도 모르게 옆 사람을 붙잡게 되는데, 어두운 곳에 있을 때도 마찬가지로 옆에 있는 사람에게 의지하게 되는 것이다. 사람은 서로 공감대가 있으면 친해지는데, 두 사람이 함께 어둠 속에 있다는 사실이 서로를 의지하는 동시에 유대감을 형성시킨다. 또한 어둠은 인간의 방어기제를 약하게 만든다. 그래서 어둠 속에 있으면 타인의 접근을 좀 더 자연스럽게 허용하게 된다. 누가 시킨 적도 배운 적도 없음에도 스킨십을 시도할 때 불을 끄는 이유가 있다.

이런 어둠을 잘 활용하면 더 매력 있는 여자가 될 수 있다. 예를 들어 소개팅을 한다면 토요일 낮에 하지 말고, 차라리 평일 저녁에 퇴근 후 하기를 추천한다. 이때 목요일이나 금요일 저녁 퇴근 후 8시쯤으로 잡으면 좋다. 참고로 처음 본 사이에 어색하게 꼭 밥을 먹기 보다는 가볍게 맥주 한 잔 하면서 밥은 안주로 대신하자고 하면 남자도 반응이 괜찮을 것이다. 썸을 탈 때 유령의 집을 가는 것도, 극장에 가는 것도 다 이유가 있다.

재미있는 건 남자들도 밤에 화장한 여자를 만나면 낮에 봤을 때보다 훨씬 더 매력적으로 보인다는 사실을 알고 있다는 것이다. 그럼에도 남자들은 그것에 빠진다. 고대 로마시절에도 그랬고 지금도 마찬가지다.

에필로그 | 존중받는 연애를 해야 한다

존중받는 사람

아빠가 세상에서 우리 서우 제일 사랑하는 거 알지?
그런데 아빠가 서우를 사랑한다는 말이
아빠를 존중하지 않아도 된다는 뜻은 아니야.
아빠를 존중해주지 않으면
아빠도 서우를 존중하지 않을 거야.
서우도 아빠를 존중해 주었으면 좋겠어.

아빠가 딸에게 하는 말

딸은 내가 자기를 세상에서 제일 사랑한다는 걸 안다. 그래서 가끔 날 존중하지 않을 때가 있다. 너무나 사랑하기에 그냥 넘어갈 수 있지만 그러지 않고 "아빠를 존중해 주길 바란다."라고 단호하게 말한다. 나중에 사랑하는 남자를 만났을 때 당당하게 "날 존중해줘"라고 말할 수 있는 사람이 되길 바라는 마음으로.

"네가 남자라면 너랑 연애하겠니?"

내 연애코칭의 핵심이다. '남자는 누울 자리를 보고 다리를 뻗는다.'고 이 책에서 여러 번 강조했다. 남자는 자기 없이 못 사는 여자를 존중하지 않는다. 착한 남자도 자기 자신을 존중하지 않는 여자를 만나면 얼마든지 나쁜 남자가 될 수 있다. 그러니 내가 남자라도 나와 연애하고 싶은 내가 되어야 한다.

남자친구를 너무 사랑하지만 '서로 맞지 않으면 어쩔 수 없이 헤어지는 거지 뭐?' 라고 당당하게 말할 수 있을 때 그 남자가 당신을 존중하게 된다. 남자는 나 없으면 못사는 여자를 좋아하지만 사랑하지는 않기 때문이다.

남자친구를 너무 사랑하지만 '날' 존중해주지 않는 사람과는 만날 수 없다'는 자기 확신이 있어야 만나지 말아야 할 남자를 만났을 때 끌려 다니지 않을 수 있다. 그리고 피해야 할 남자를 만나면서도 어떻게든 바꿔 보겠다는 헛된 노력도 하지 않을 수 있다.

남자의 모든 것을 다 알고 만날 수도 없고, 어떤 만남은 예상과는 다르게 흘러가기도 한다. 언제든 상대의 문제를 파악했을 때가 제일 빠른 타이밍이란 것을 생각하고 신속하게 판단해야 상처를 덜 받을 수 있다. 이때 바보 같이 남 걱정부터 하지 말고 당신의 인생을 최우선으로 생각하길 바란다.

마지막으로 이 책의 제목처럼 "남자는 고쳐 쓰는 거 아니다!" 만나는 남자에게 문제를 발견했다면 '고칠 수 있을까?'를 고민하지 말고 이것만 생각하길 바란다. "내가 이 문제를 평생 감당할 수 있을까?" 그 남자 없이도 살 수 있는 사람이 되어야 그 남자로부터 존중받는다. 당신 인생에 가장 소중한 사람은 당신이다.

행복한 연애를 위한 잔소리 10가지

1. 남자는 고쳐 쓰는 거 아니다.

2. 못난 남자 만나 인생 피곤하게 사느니 차라리 혼자가 낫다.

3. 썸을 타든, 연애를 하든 만나는 상대의 문제점을 발견했을 때 생각해야 하는 건 한 가지뿐이다. "내가 이 문제를 평생 감당할 수 있을까?"

4. 첫 만남에 스킨십하는 남자가 그런 행동을 당신에게만 했을까?

5. 그 남자 없이도 행복한 사람이 돼야, 그 남자로부터 존중받는다.

6. 남자는 자신이 함부로 대할 수 있는 여자를 좋아하고, 자신이 함부로 대할 수 없는 여자를 사랑한다.

7. 착한 여자가 나쁜 남자를 만든다.

8. 질투는 상대가 나만 바라봐 주었으면 하는 마음이다. 집착은 그 마음이 밖으로 나와 상대의 행동에 제약을 가하는 것이다.

9. 싸움할 땐 이것을 먼저 봐야 한다. '이 싸움은 반복될 싸움인가? 아닌가?'

10. 짧은 연애 기간조차 상대를 존중하지 못하는 남자가 긴 결혼생활 동안 상대를 존중할 리 없다.